홀연히 깨어나는 신심명

信心銘

_ **일러두기**

이 책의 『신심명』 원문과 해석은 『성철스님의 신심명·증도가 강설』에서
참고했음을 밝힙니다.

홀연히 깨어나는 신심명

원제 지음

선방 수좌 원제 스님의
단박에 깨치는 선어록 강설

불광출판사

머리말

이와 같이 저는 보았습니다. 문득 올려다본 하늘엔 두터운 흰 구름들이 흐르고 있었습니다. 그리고 구름들 사이에서 푸른 하늘이 언뜻언뜻 얼굴을 내비치기도 했습니다. 저는 가만히 누워 구름들을 지켜보았습니다. 허공에서 홀연히 생겨난 구름은 부지런히 움직이다, 어느 순간 다시 허공으로 사라졌습니다. 하늘 아래 모든 것이 그렇게 멈추지 않고 흐르고 있었고, 그렇게 세상은 아름다웠습니다. 그러면서 저는 마음속으로 계속해서 한 문장을 읊조리고 있었습니다.

'이와 같구나… 이와 같구나….'

마치 책의 잉크를 씹어 먹을 듯한 심정으로 책에 몰두한 20대 시절이 있었습니다. 그 시절 저는 왜 저 구름이 생겨나고 사라지는가를 물었습니다. 성현의 깨달음이 담긴 여러 고금의 기록들을 살펴보았지만, 가슴은 후련해지지 않았습니다. 수행하면 깨달을 수 있다는 말에, 하루에 6시간씩 정진에 몰두하기도 했습니다. 하지만 진리는 마치 멀리 있는 일처럼 까마득하게 느껴졌습니다. 그러다 마치 정해진 숙명을 따르는 듯, 저는 해인사 일주문 안으로 걸어갔습니다.

그로부터 10년이 지난 2016년의 봄이었습니다. 수도암 까마귀가 '까악까악' 울며 허공을 느릿느릿 맴돌고 있었습니다. 그러다 문득 법당의 목탁이 '또록' 소리를 내며, 허공을 비집고 들어왔습니다. 그 순간 세상은 무너져버렸고, 그와 동시에 허공이 끝 간 데 없이 열려버리고야 말았습니다. 그러나 허공만이 열린 게 아니었습니다. 저의 가슴도 허공처럼 환히 열리며, 세상과 한통이 되어버린 것이었습니다.

물론 이러한 일이 처음은 아니었습니다. 열 살 무렵 돌에 앉아 쉬고 있던 저는 온 세상이 숨을 쉬고 있다는 사실을 문득 알았습니다. 내 몸의 호흡과 관계없이, 이 세상이 자기만의 고른 숨을 쉬고 있던 것이었습니다. 이후로 세상은 틈틈이 저를 멈춰 세우고, 자신만의 숨소리를 들려주었습니다. 고등학교 2학년, 한여름 열기로 가득한 오후 2시의 운동장을 바라볼 때였습니다. 저는 또다시 세상으로부터 5센티미터 정도 슬쩍 떨어지게 되었습니다. 그 후로 몇 달 동안, 마치 꿈 세상을 거니는 듯 저는 현실을 유영하게 되었습니다.

이후 저의 20대는 실패와 좌절의 연속이었습니다. 삶의 굵직한 일들은 모두 실패로 돌아갔습니다. 저는 질문했습니다. '왜 나에게 이런 실패들만 계속 벌어지는 것일까?' '이토록 노력하고 애썼다면 성공해야 하는데, 왜 나는 번번이 좌절하는 것일까?' 그땐 몰랐습니다. 실패며 좌절이 진리의 세계로 들어오기 위해 반드시 거쳐야만 했던 문이라는 사실을 말입니다. 세상에는 '성공의 문'이라는 게 있습니다. 하지만 진리의 세상으로 들어오기 위해서는 전혀 다른 문이 준비되어 있습니다. 그것은 '실패라는 문'이었습니다. 실패는 진리로 들어오기 위한 문이었던 것입니다.

대학 졸업 후, 저는 절집에 들어와 수행했습니다. 하지만 수행은 맘같지 않았고, 마음은 더디게 열렸습니다. 저를 제외한 모두가 수행을 잘하는 듯 보였습니다. 그렇게 서서히 좌절해가던 무렵이었습니다. 더 이상 이렇게 움츠러들 수 없다는 생각에 차라리 도피를 선택했습니다. 그렇게 저는 세계 일주를 떠났습니다. 두루마기를 입고 낡은 삿갓을 쓰고, 매일같이 108배를 하며, 그렇게 2년 동안 온 세계를 유영했습니다. 그런 긴 만행을 마치며 인천공항 입국

장에 들어설 때였습니다. 그 순간 저는 결코 얻을 수 없는 무언가를 슬며시 얻게 되었다는 사실을 나중에야 알게 됩니다. 이전에도 한결같이 있었지만 결코 볼 수도 없었고, 얻을 수도 없었던 눈앞을 그렇게 슬며시 만나게 된 것입니다.

이후로도 눈앞은 계속해서 저를 따라다녔습니다. 산길을 걸어도 눈앞이었고, 밥을 먹어도 눈앞이었으며, 버스를 타고 가도 눈앞이었습니다. 눈앞은 항상 저와 같이 움직였습니다. 그렇게 의정부 망월사에서 동안거를 나며 정진하던 때였습니다. 고요함만이 가득한 선방에서 난데없이 '퍽퍽' 하는 소리가 울려 퍼졌습니다. 화들짝 놀라며 저는 소리의 진원을 찾아 나섰습니다. 그러나 놀라운 일이었습니다. 그 소리는 다름 아닌 제 가슴이 터져나오는 소리였던 것입니다. 그나마 다행이었습니다. 저 말곤 그 누구도 이 파열음을 듣지 못한 듯 보였습니다.

그렇게 한 달이었습니다. 초반에 큰 울림으로 부서지던 가슴은 시간이 흐르며 점차로 안정되어갔습니다. 마침내 울림이 멈추면서 저는 알게 되었습니다. 환히 열려버린 가슴이 더 이상 닫힐 일은 없다는 사실을 말입니다. 그리고 나중에서야 깨닫게 됩니다. 이 열려버린 가슴이 이듬해 봄, 까마귀 울음과 목탁 소리를 곧장 듣기 위한 준비였다는 사실을 말입니다.

세계가 그렇게 무너진 후, 모든 것이 달라졌습니다. 달라지는 바 하나 없이, 모두가 달라졌습니다. 바뀐 바 없이 모두가 바뀌어버렸습니다. 그러면서 저는 분명한 확신을 하게 됩니다. 그것은 더 이상 이전의 나로 돌아갈 수 없다는 사실이었습니다. 그렇게 저는 저와 작별하게 되었습니다. 그러나 그 작별이 영 아쉽지만은 않았습니다. 그런 저를 대신해 얻은 것도 있기 때문이었습니다.

그것은 바로 천하였습니다.

* * *

『대승기신론(大乘起信論)』에 따르자면, '홀연(忽然)'은 우리가 본래 진리의 자리에서 벗어나 무명과 번뇌의 중생으로 변화하게 된 순간을 가리킵니다. 그런데 홀연은 시원(始元)을 포착할 수 없습니다. 그렇기에 홀연은 시간상의 개념이 아닙니다. 그리고 근원을 찾을 수도 없습니다. 그래서 인과의 개념도 아닙니다. 그렇기에 앎과 이해를 중심으로 살아가야 하는 우리들에게, 어쩌면 이 홀연은 우리가 왜 중생으로 살고 있는지에 대한 불친절한 설명이기도 합니다.

우리는 홀연히 무명 업식에 사로잡혀 중생이 되어버렸습니다. 하지만 홀연이 그토록 불친절한 설명인 것만은 아닙니다. 그것은 홀연이 시간의 개념도, 인과의 개념도 아니기 때문입니다. 우리가 홀연히 중생이 되어버린 것처럼, 우리는 다시 부처의 자리로 홀연히 들어설 수 있는 것입니다. 홀연은 우리를 중생으로 가로막는 관문만이 아닙니다. 본래 부처의 자리로 시간적 제약 없이, 아무런 이유 없이 회귀할 수 있는 기가 막힌 통로가 바로 홀연에 있는 것입니다.

다만 이 홀연이라는 통로를 찾기 위한 시행착오며 연습 과정은 어쩔 수 없이 필요합니다. 그러한 착오의 과정을 원제라는 수행자 역시, 가감 없이 일생을 통해 치르게 되었습니다. 그러면서 틈틈이 깨닫게 되는 진리의 면면들이 있기도 합니다. 그러한 순간의 경험과 깨달음의 변화들을 여러분들과 함께 나누고자 이 책을 집필하게 되었습니다.

나 자신의 본질을 찾고자 했던 일반의 한 사람으로서 그리고 자유의 삶을 누리고자 선원에 들어와 정진하게 된 한 명의 수좌로서, 이 책『홀연히 깨어나는 신심명』이 여러분들의 마음을 밝혀나가는 과정에 조금이나마 도움이 됐으면 하는 바람입니다.

김천 수도암에서 수좌 원제 합장

『홀연히 깨어나는 신심명』 시작에 앞서

저에게 있어 『신심명』은 특별한 글입니다. 선 수행에 앞서 가장 처음으로 가슴에 심었던 글귀이자 선 수행의 표준이 바로 『신심명』이었기 때문입니다. 해인사로 출가를 하고 난 뒤, 행자 신분으로 은사스님 앞에 처음으로 불려가 인사를 드릴 때였습니다. 저의 은사이신 법전(法傳) 스님께선 저의 나이, 고향, 학교 등을 간단하게 물어보셨습니다. 그리고 마지막에 이런 질문을 던지셨습니다.
"그래, 너는 왜 출가를 했어?"
저는 솔직하게 말씀드렸습니다.
"학생 시절, 저는 마음이 자유롭지 못하다고 느꼈습니다. 그러던 어느 땐가 숭산 스님이 쓰신 『선의 나침반』이라는 책을 보았습니다. 책에서 숭산 스님은 주장자에 비스듬히 기대어 앉아 계셨는데, 그 모습이 제게는 너무 편하고 자유로워 보였습니다. 당시 마음이 불편했던 저에겐 숭산 스님의 그러한 모습이 너무 부러워 보였습니다. 그래서 저도 수행 정진 열심히 해서 깨달으면 숭산 스님처럼 마음이 편안해질 수 있지 않을까 싶어서 출가했습니다."

제 대답을 듣고 나신 뒤, 은사스님께선 저에게 책 한 권을 내주셨습니다. 그 책이 바로 『성철스님의 신심명·증도가 강설』이었습니다.

신심 충만한 행자였던 저에게 『성철스님의 신심명·증도가 강설』은 단순한 책 한 권이 아니었습니다. 그것은 큰스님께서 직접 내려주신 수행과 깨달음의 명백한 징표였습니다. 그리고 수좌의 삶을 앞둔 구도자에게 가슴 벅찬 출발점이기도 했습니다. 그런 큰스님의 은혜에 보답하기 위해 저는 『성철스님의 신심명·증도가 강설』을 책상머리에 두고 매일같이 읽어나갔습니다. 그러나 단순히 책을 읽는 것만으로 큰스님의 은혜에 보답할 수는 없었습니다. 그래서 저는 『신심명』과 『증도가』를 아예 처음부터 끝까지 외워버렸습니다.

비록 마음 수행이 익지 않아 『신심명』과 『증도가』의 비밀스러운 깨달음에 이르지 못한다 하여도, 이를 외우는 것만큼은 가능해 보였습니다. 그리고 이렇게 외우는 것이나마 큰스님의 은혜에 보답하는 유일한 길이라 믿었던 것입니다. 그렇게 저는 틈이 날 때마다 『신심명』과 『증도가』를 한글과 한자로 반복해 노트에 옮겨쓰며 외웠습니다. 졸음이 몰려드는 오후엔, 잠을 쫓아낼 요량으로 퇴설당 마당을 찬찬히 거닐었습니다. 그러다 잠시 자리에 멈춰서서 깨달음의 소중한 글귀들을 마치 허공에 한 글자 한 글자 새겨놓듯, 그렇게 가슴속에 명징하게 담아갔습니다.

그런데 정작 『신심명』을 저술하신 승찬 스님의 삶에 대한 분명한 기록은 많이 남아 있지 않습니다. 승찬 스님에 대한 객관적인 정보가 부족한 까닭은 아마도 스님의 병력(病歷) 사항과 관련되어 있을 것입니다. 스님은 출가 전 대풍질(大風疾)이라는 병에 걸려 있었는데, 지금에 있어서 한센병, 즉 문둥병입니다. 천 년 전의 과거에 문둥병은 가히 천형(天刑)처럼 여겨졌습니다. 사람들은 당연히도 문둥병자를 멸시하고 멀리했습니다. 그런 분위기 때문에라도 승찬 스님께서는 사람들을 피해 다니셨을 것입니다. 그렇게 천형과도 같은 문둥병 때문에 개인으로서의 인권은 없던 시대였습니다. 이러한 이유로 승찬 스님의 출생이나 성장에 대한 40년의 기록은 남아 있지 않은 것입니다. 그렇게 어엿한 사람으로서 살아갈 수 없었으니, 자신의 운명에 대한 회한이 남다르셨을 것입니다. 또한 사회에선 죄인처럼 외면받게 되셨으니, 세상에 대한 억울한 심정도 크셨을 것입니다. 그래서 승찬 스님은 이조(二祖)이신 혜가(慧可) 스님을 찾아뵙고는 다짜고짜 이런 말을 꺼내 든 것입니다.

"제자는 문둥병을 앓고 있사옵니다. 화상께서는 저의 죄를 참회케 하여주십시오."

그러자 혜가 스님께서 이렇게 말씀하셨습니다.

"그대는 죄를 가져오너라. 죄를 참회시켜 주리라."

"죄를 찾아보아도 찾을 수가 없습니다."

"그렇다면 그대의 죄는 모두 참회 되었느니라. 그대는 그저 불(佛), 법(法), 승(僧) 삼보(三寶)에 의지하여 안주하라."

"지금 화상을 뵈옵고 승보(僧寶)는 알았으나 어떤 것을 불보(佛寶), 법보(法寶)라 합니까?"

"마음이 부처며 마음이 법이니라. 법과 부처는 둘이 아니요, 승보도 또한 그러하니 그대는 알겠는가?"

"오늘에야 비로소 죄의 성품은 마음 안에도 밖에도 중간에도 있지 않음을 알았으며, 마음이 그러하듯 불보와 법보도 둘이 아닌 줄 알았습니다."

이에 혜가 스님께서 승찬 스님이 법기(法器)임을 알아보시곤 그 자리에서 머리를 깎아 주시며 이렇게 말씀하셨습니다.

"너는 나의 보배이다. 구슬 찬(璨) 자를 써서 승찬(僧璨)이라 하라."•

- 『성철스님의 신심명 · 증도가 강설』 머리말 내용을 참조하였습니다.

이후 승찬 스님께서는 구족계를 받으시고 수행 정진하셨고, 마침내 문둥병도 낫게 됩니다. 이후 2년간 혜가 스님을 시봉하시기도 하였습니다. 나중에 제자인 4조 도신(道信) 스님을 만나 법을 전한 뒤, 스님은 큰 나무 밑에서 합장한 채로 입적하셨다고 합니다.

사언절구(四言絶句)로 이뤄진 『신심명』은 146구 584자로 구성된 비교적 짧은 글입니다. 그럼에도 수행과 마음, 신심과 깨달음에 관한 요체를 함축적으로 담고 있는 정갈한 시문(詩文)입니다. 이러한 까닭에 『신심명』은 선(禪) 문학의 정수로 평가받고 있으며, 고금의 수도인들에게는 영원한 좌우명이 되었습니다. 그리고 저의 개인사에 있어서도 『신심명』은 은사스님께서 저에게 내려주신 수행의 첫 관문이었고, 구도의 길을 가기 위한 의미깊은 출발점이었습니다. 이처럼 『신심명』은 진리를 찾고자 하는 모든 구도인들에게 있어서 수행과 마음, 깨달음에 대한 확고한 표준을 마련해주는 지침서라 할 수 있겠습니다.

차례

- 머리말 … 4
- 『홀연히 깨어나는 신심명』 시작에 앞서 … 10

신심명 강설

1. 깨달음은 코 만지는 것보다 쉽다 … 22
2. 내가 무너지면 허공이 열린다 … 25
3. 비워놓음이 클수록 깨달음도 크다 … 35
4. 진리는 고통을 손님으로 보낸다 … 45
5. 마음은 지조 없이 변한다 … 49
6. 현묘한 뜻은 잘 숨겨져 있다 … 52
7. 허공은 모두를 품는다 … 56
8. 시행착오는 나와 삶을 성숙하게 한다 … 60
9. 완전히 비워지면 온전히 채워진다 … 64
10. 차별을 떠나면 그대로 중도 … 68
11. 온몸을 던지며 법문하는 벌 … 70
12. 곧장 나로 향해라 … 75
13. 통에서 빠져나와야 비로소 통을 굴린다 … 79
14. 진리도 빠지면 병이 된다 … 83
15·16. 고수에겐 놀이터, 하수에겐 생지옥 … 91
17. 천 개의 달을 단번에 얻는다 … 96

18 근원으로 돌아가면 일체를 비춰 낸다 … 102
19 흙덩이를 쫒지 말고 사람을 물어라 … 104
20 삶은 처음부터 완벽했다 … 106
21 무분별의 마음이 진정한 사랑이다 … 109
22 봄은 이미 매화 가지에 걸려 있네 … 113
23 지킬 수 있다면, 진리가 아니다 … 119
24 백 척 장대 끝에서 뛰어내려라 … 121
25 중생이 사라지면 부처 또한 사라진다 … 125
26·27 진리는 나를 통해 흐른다 … 130
28 실체가 없으면 모두를 살린다 … 135
29 텅 빌 적에 충만해진다 … 138
30 경전의 위대한 비밀, 여시아문 … 140
31 고통은 분리에서 시작된다 … 148
32 쓸모없는 나무는 없다 … 151
33·34 나를 놓으면, 인연으로 흐른다 … 158
35 나로부터 벗어나면 번뇌도 지혜로 부린다 … 160
36 나조차도 하나의 이야기다 … 164
37 너무 멀지도 않고 너무 가깝지도 않게 … 172

38 보고 듣고 맛봄에는 죄가 없다 … 177
39 온몸 그대로가 법당이다 … 182
40 그 누구도 빈 배와 싸우지 않는다 … 187
41 법당의 주장자와 식탁의 숟가락 … 190
42 내 마음 같지 않아 고통스럽다 … 193
43 같이 어울리나 물들지 않는다 … 196
44 허공에 그림을 그려도 붓은 바래지 않는다 … 199
45 그거 다 환상이잖아요? … 203
46 환영처럼 볼 수 있는 안목 … 207
47 깨달음의 끝, '중생놀이' … 209
48 정토와 에덴동산을 떠난 적이 없다 … 212
49 나를 비우면 천하가 선물이다 … 216
50 나의 일이 끝나면, 진여의 일이 시작된다 … 220
51 간장 맛이 짠 줄 아는 것에 이유는 없다 … 222
52 평등과 차별을 동시에 보고 쓴다 … 224
53 거리낌 없이 두루 통하다 … 227
54 새로 태어나려는 자, 세계를 부숴라 … 229
55 마음에 걸림 없다면 사람의 호시절이라 … 236
56 구름이 걷히면 태양은 자연스럽게 빛난다 … 240

57 다만 두 다리 쭉 펴고 낮잠을 잔다 … 244
58 등불을 끄면 달빛을 얻는다 … 247
59 다만 나를 둘러싼 관념만 거두어낼 뿐 … 250
60 법에는 차별이 없지만, 사람에게는 차이가 있다 … 252
61 졸리면 하품하고 피곤하면 누워 쉰다 … 261
62 창문을 열면 곧장 청산이다 … 265
63 다만 불이(不二)라고 말할 뿐 … 268
64 과거 현재 미래가 모두 한바탕 꿈 … 271
65 불법은 눈앞에 있다 … 273
66·67 수미산을 겨자씨에 집어넣는다 … 277
68 있는 그대로 허용하고 드러내다 … 282
69 머무는 바 없이 흐르는 무아와 연기 … 284
70 안목이 있어야 진리를 본다 … 286
71 단지 시절인연을 기다릴 뿐 … 290
72 신심의 시작과 끝은 깨달음이다 … 292
73 영원으로 회귀하다 … 295

- **맺는말** … 298
- **부록 _ 『신심명』 전문** … 302

홀연히 깨어나는

신심명

信心銘

깨달음은 코 만지는 것보다 쉽다

1
至道無難 唯嫌揀擇
지도무난 유혐간택

지극한 도는 어렵지 않음이요
오직 간택함을 꺼릴 뿐이니

『신심명』의 첫 구절은 가히 파격입니다. 우리가 그토록 구하려고 노력하는 도(道), 즉 궁극에 이르려는 깨달음이 어렵지 않다 말하고 있기 때문입니다. 도 깨닫기는 세상에서 가장 어려운 일일 터인데, 승찬 스님은 지극한 도가 도리어 어렵지는 않다 말합니다. 그런데 이러한 말은 비단 승찬 스님만 언급한 것은 아닙니다. 무릇 여러 선사들도 도 깨닫는 것을 두고, '세수하다가 코 만지는 것보다 쉽다'고 비유했던 것입니다. 중국 당나라 시대에 대주혜해(大珠慧海) 스님의 법력이 널리 퍼지니, 원율사(源律師)가 찾아와 이렇게 물었습니다.

"화상께서는 수행할 때, 공력을 들이십니까?"
"네, 공력을 들입니다."
"어떻게 공력을 들이십니까?"
"배고프면 밥 먹고, 피곤하면 곧 잠을 잡니다."
"모든 사람들도 그렇게 합니다. 그러면 모든 사람들도 스님처럼 공력을 들인다고 할 수 있겠네요."
"그렇지 않습니다. 그들은 나와 다릅니다."
"어찌하여 다르다고 하십니까?"
"그들은 밥 먹고 있을 때 먹지 않고 쓸데없는 생각을 하고, 또 잠을 잘 때도 자지 않고 이런저런 꿈을 꿉니다. 그러니 나와 같지 않습니다."

이처럼 도를 깨달은 선사들은 도를 행하는 것이 일상 생활을 하는 것처럼 무척이나 쉽다고 이야기합니다. 그러나 조건이 있습니다. 다만 간택(揀擇)만 하지 않으면 될 뿐입니다. 간택에서 간(揀)은 구분해서 버림을 뜻하고, 택(擇)은 골라서 취함을 뜻합니다. 그렇기에 간택은 취사(取捨)의 의미입니다. 취사하는 중생의 마음만 없다면 도는 어렵지 않게 구현된다는 것입니다. 그렇다면 과연 무엇을 취사하지 말아야 한다고 말하는 것일까요?

내가 무너지면 허공이 열린다

2
但莫憎愛 洞然明白
단막증애 통연명백

미워하고 사랑하지만 않으면
통연히 명백하니라.

그것은 바로 증애심(憎愛心)입니다. 미워하고 사랑하지만 않는다면 통연히 트여 명백해진다는 것입니다. 그러나 이 구절에서 중요하게 다뤄야 할 부분이 있습니다. 승찬 스님은 증애심을 예로 들었지만, 이는 비단 미워하고 사랑하는 마음만을 뜻하지는 않는다는 것입니다.

우리의 마음에는 수많은 분별심이 존재합니다. 그 대표적인 분별 중의 하나가 증애입니다. 이 밖에 시비(是非)나 생사(生死), 호오(好惡), 득실(得失)과 같은 분별도 동시에 존재하고 있습니다. 그런데 우리가 수행을 통해서, 혹 다른 연유로 깨달음을 얻게 된다면, 그것은 단지 증애심 하나만 사라지는 것을 뜻하지는 않습니다. 모든 분별심이 동시에 사라집니다. 왜냐하면 모든 분별하는 마음은 동시에 생겨나고 또한 동시에 사라지기 때문입니다. 시비, 생사, 호오, 득실, 모두가 동시에 생겨납니다. 하지만 인연이 다한다면, 그 모든 분별하고 취사하는 마음 역시 동시에 사라집니다. 그렇기에 모든 분별심은 동시생멸(同時生滅)한다고 할 수 있습니다.

이 구절에서 승찬 스님은 단지 증애심 하나만 언급했을 뿐이지만, 그것은 우리 중생이 가지는 분별심의 대표적인 예시일 뿐입니다. 그러나 우리가 마음을 환히 열어 진정한 깨달음에 들어간다면, 그때 증애심만이 아닌 시비심, 생사심, 호오심 등 모든 분별심이 동시에 사라지게 됩니다. 이와 관련해 오래된 과거 경험을 꺼내 보도록 하겠습니다.

대학 시절 유쾌하지만 유독 장난기가 많았던 한 친구가 있었습니다. 친구는 사람들에게 종종 고약한 장난을 쳤는데, 그것은 사람들 등 뒤로 몰래 다가가 양쪽 겨드랑이에 손을 집어넣고 놀라게 하는 것이었습니다. 저뿐만 아니라 많은 사람들이 친구의 장난에 화들짝 놀란 적이 많았습니다. 그렇게 몇 차례 친구에게 장난질을 당하다, 저는 정색하고 친구에게 경고했습니다.

"다시는 이런 장난치지 마라!"

그러나 친구는 경고에 아랑곳하지 않고 그냥 씨익 웃어 보일 뿐이었습니다. 그런 뒤, 친구가 한 말은 정말 가관이었습니다.

"어, 이러다 사람 치겠네?"

친구의 거듭된 장난에 화가 이미 머리끝까지 치민 상황이었습니다. 친구에게 경고하는 저의 표정도 분명 일그러져 있었지만, 친구는 도리어 비웃었습니다. 마음 같아선 주먹으로 한 대 치고 싶었지만, 자존심 때문에 그럴 수도 없었습니다. 사과하고 용서를 구해도 시원찮을 판에, 친구는 되레 저의 반응을 비웃으며 아무렇지 않게 자리를 떠났습니다.

이때부터였습니다. 친구는 이후로도 다른 사람들에게 계속 장난을 치며 아무렇지 않게 지냈지만, 저는 그러지 못했습니다. 저를 비웃고 떠나간 친구의 말투와 표정이 마음속에 묵직한 바위처럼 남아 있었습니다. 그런 친구의 모습과 말이 떠오를 때마다 마음은 이를 데 없이 심란해졌습니다.

왜 그런 것일까. 잘못은 친구가 저질렀건만, 괴로움은 제가 느끼고 있었습니다. 아무리 돌이켜보아도 저에겐 잘못이 없었습니다. 심한 장난을 쳐서 문제를 일으킨 것도 친구이고, 사과를 하지 않은 것도 친구이며, 정당한 요청을 비웃은 것도 친구였습니다. 모든 잘못은 친구가 저질렀습니다. 그런데 어떠한 잘못도 없는 제가 계속 고통 속에서 허덕이고 있었습니다. 왜 이럴까….

이후로도 친구는 여전히 해맑은 모습으로 다른 사람들에게 똑같은 장난을 치고 있었습니다. 친구는 잘못에 대한 인식도 없는 듯했고, 저처럼 괴로워하지도 않았습니다. 그런 상황이 반복될수록 괴로움은 점점 커졌습니다. 이 상황을 도무지 납득할 수 없었습니다. 잘못한 사람은 아무렇지도 않고, 도리어 아무런 잘못이 없는 제가 괴로운 이유를 알지 못해 심란한 날들이었습니다.

그렇게 사흘이 흘렀습니다. 마음은 심란함을 넘어, 머리가 부서질 것 같은 두통으로 이어졌습니다. 식당에서 밥을 먹어도, 수업을 들어도, 사람들과 이야기를 나누어도, 잠을 자려 침대에 누워도, 이 의문은 머릿속에서 떠나질 않았습니다. 그렇게 해결의 실마리가 전혀 보이지 않는 의문을 온종일 끙끙 끌어안고 지내다 보니 너무 힘들었습니다. 음악을 듣거나 영화를 보면서 고민을 피해 보려 했지만, 이 또한 마음대로 되지 않았습니다. 그렇게 풀리지 않는 의문에 완전히 사로잡힌 채, 더욱 큰 고통과 혼란 속으로 빠져들었습니다.

그러던 어느 날이었습니다. 수업 준비를 하며 집어 든 책이 툭 펼쳐지며, 하나의 문장이 눈에 쑤욱 들어왔습니다. 그것은 단 한 문장이었습니다. 하지만 그것은 어떤 깊은 깨달음의 경종처럼 제 몸을 관통하며 울렸습니다. 머리와 가슴이 동시에 '텅' 하니 비워지며, 지난 며칠간 머릿속을 떠나지 않던 이 지독한 의문이 한순간에 무너졌습니다. 그렇게 저는 세상과 한 통이 되어버렸습니다. 강의실로 향하다 바라본 하늘은 이전과 달랐습니다. 지난 사흘간 풀리지 않는 의문으로 고통스러웠던 시간과 고민들은 아무것도 아니라는 듯, 하늘은 그토록 투명하고도 환하게 열려 있었습니다. 마치 처음부터 그랬다는 것처럼, 하늘은 그렇게 무한으로 펼쳐져 있던 것입니다. 그렇게 이전과 다를 바 없지만, 전혀 다른 세상이 눈앞에 펼쳐져 있었습니다. 그리고 이러한 경계로 이끈 단 하나의 문장은 다음과 같았습니다.

"모든 고통은 집착에서 생겨난다."

너무나도 단순하고 분명한 이 한 문장이었습니다. 어찌 보면 특이한 것도 없었습니다. 부처님의 가르침인 사성제(四聖諦)를 공부한 사람이라면 이미 누구나 알고 있는 내용이었기 때문입니다. 하지만 '세상에서 가장 먼 거리는 머리에서 가슴까지의 거리'라고 했던가요. 머리로는 이미 알고 있는 내용이었지만, 가슴으로 받아들이지는 못했던 그런 깨달음이었습니다. 어쩌면 사흘간의 지독하고 혼란스러웠던 고통은 이 문장 하나를 온전하게 받아들이기 위한 준비 과정으로 필요했던 것인지도 모릅니다. 머리를 뚫고 가슴을 관통해서 전체로 살아나기 위해, 고통은 그렇게 앞서서 찾아오는 것인지도 모릅니다.

과연 그랬습니다. 고통은 시비에서 오는 것이 아니었습니다. 시비에 집착하는 그 마음에서 오는 것이었습니다. 제가 그랬습니다. 고통스러운 사흘간 어리석은 확신에 갇혀 있었습니다. 잘못은 명백하게 친구에게 있었고, 저에겐 아무런 잘못이 없다고 믿었습니다. 친구의 행동과 태도는 그릇되었고, 이와 반대로 저의 요청이나 태도는 언제나 정당했습니다. 객관적인 관점으로 보더라도, 그 누구나 저와 똑같은 견해로 바라볼 것이라 확신했습니다. 그러나 저는 헛똑똑이였습니다. 모든 것을 살폈다고 생각했지만, '내가 옳다'고 믿는 이 완고한 집착을 보지는 못했던 것입니다. 옳다는 생각에 매몰된 나머지, 이 옳음에 한없이 집착하고 있는 자신을 놓치고야 만 것이었습니다.

시비심은 곧 증애심이기도 합니다. 내가 옳다는 생각으로 인해 상대방을 지독하게 미워하는 결과를 초래하기에 그렇습니다.

시비에 대한 집착도 그러하지만, 증애에 대한 집착 역시 한없이 괴롭습니다. 그러나 간과하지 말아야 합니다. '나의 옳음'이나 '나의 미움'도 집착이 되는 것이지만, 옳음이나 미움 역시 '나'에게 달라붙어 있는 생각과 감정이라는 사실을 말입니다. 옳음과 미움은 인연 따라 오갈 수 있겠지만, 근원으로서의 나는 여전히 견고합니다. 우리가 옳음이나 미움에 대한 집착 때문에 괴로움을 느끼는 것은 당연한 사실입니다. 하지만 나라는 존재가 허물어지지 않는 이상, 그것은 여전히 고통의 근원을 품고 사는 것입니다.

그렇기에 무아(無我)입니다. 고정된 실체로서의 자아란 없습니다. 부처님은 사성제의 진리와 함께 무아라는 법의 도장을 명확하게 내보였습니다. 하지만 우리가 나에게 고정되고 나라는 실체에 매여 있다면, 분별심은 시비나 증애, 생사, 호오, 득실 등과 같이 여러 경계와 상황으로 모습을 바꾸어가며 고통으로 찾아올 것입니다. 내가 고정된 실체로서 존재하는 이상, 결코 끝나지 않을 고통인 것입니다.

그런데 우리가 무아를 체득한다면, 증애심이 사라진 깨달음으로 들어서게 됩니다. 승찬 스님은 이런 깨달음의 경지를 통연명백(洞然明白)이라 비유하였습니다. 통연(洞然)은 '막힘이 없이 환히 트임'을 뜻하고, 명백(明白)은 '분명하게 드러난다'는 뜻입니다. 고정된 실체로서의 내가 무너지게 된다면, 세상은 하나의 커다란 열린 통으로서 명명백백하게 인과의 일들을 펼쳐낸다는 것입니다. 달리 말해 모든 집착이 머무는 '나'라는 실체를 벗어나게 된다면, 이 세상은 연기의 진리에 맞게끔 완벽하게 운용된다는 것입니다. 이것이 부처님이 깨달은 무아(無我)와 연기(緣起)의 진리입니다. 이러한 진리는 영가전에 올리는 무상(無常) 법문을 통해서도 드러납니다.

> 첩첩 쌓인 푸른 산은 부처님의 도량이요,
> 맑은 하늘 흰 구름은 부처님의 발자취며
> 뭇 생명의 노랫소리 부처님의 설법이고,
> 대자연의 고요함은 부처님의 마음이니
> 불심으로 바라보면 온 세상이 불국토요,
> 범부들의 마음에는 불국토가 사바로다.

세상은 본래 어떤 차별심에도 물들지 않고 완벽한 진리로서 드러난 불국토입니다. 하지만 나라는 실체에 집착해 묶인다면, 이 불국토가 돌연 사바세계로 변합니다. 눈앞으로 모든 진리가 다양한 방식으로 현현(顯現)해 있지만, 나에게 가로막혀 이를 제대로 맞이하지 못하기 때문입니다. 대상이나 세상, 존재와 관계에 정해진 옳고 그름이란 없습니다. 근원적으로 고정된 특징이나 속성이 없기 때문입니다. 다만 하나의 분명한 차이가 있을 뿐입니다. 나라는 실체에 묶여 있는가 혹은 나로부터 풀려나는가. 이 명확한 차이만 있을 뿐입니다.

그렇기에 나라는 존재는 참으로 묘합니다. 갇혀 있을 때는 이처럼 견고한 감옥도 없습니다. 하지만 풀려난다면 이처럼 무한한 선물도 없습니다. 왜냐하면 나로부터 풀려나면 세상을 통째로 받아들일 수 있기 때문입니다. 그렇기에 '통연명백'은 나라는 존재에 대한 집착에서 풀려남으로써 세상을 온전한 불국토로 맞이하게 된다는 승찬 스님의 분명한 선언이 되는 것입니다.

이로써 『신심명』에서 가장 중요한 두 구절을 마쳤습니다. 이 구절들은 기껏해야 두 줄 정도의 짧은 구절입니다. 하지만 이 짧은 구절 안에 고(苦), 무상(無常), 무아(無我)와 같은 삼법인(三法印)과 사성제의 진리가 모두 깃들어져 있습니다. 만일 인연이 갖추어져 있는 사람이라면, 이 두 구절을 통해서도 곧장 깨달음의 세계로 들어갈 수 있을 것입니다. 그만큼 이 두 구절은 『신심명』에서 가장 중요한 구절이기도 하고, 그렇기에 『신심명』 전체의 핵심을 담았다고 해도 무방합니다.

낭야혜각(瑯琊慧覺) 선사는 『신심명』에 주해(註解, 본문의 뜻을 알기 쉽게 풀이함)를 달아달라는 한 재상의 요청에 '至道無難 唯嫌揀擇 但莫憎愛 洞然明白'의 두 구절만 크게 썼습니다. 나머지 구절들은 작게 쓰면서 주해로 만들어버렸다 합니다. 그만큼 앞 두 구절에 이미 『신심명』의 골수가 담겨 있다고 본 것입니다. 그렇기에 이후의 구절들은 앞의 두 구절의 보조적인 주해며, 다양한 방식의 변주라 말할 수 있습니다.

이러한 관점으로 보자면, 앞으로 나오게 될 『신심명』의 구절들이 어떠한 방식으로 이 두 구절이 함축한 골수를 다양한 방식으로 펼쳐내고 있는지 살펴보는 것도, 『신심명』의 묘의를 음미해보는 재미가 될 수 있겠습니다.

비워놓음이 클수록 깨달음도 크다

3
毫釐有差 天地懸隔
호리유차 천지현격

털끝만큼이라도 차이가 있으면
하늘과 땅 사이로 벌어지나니

우리는 '털끝만큼의 차이가 크나큰 결과의 차이를 만들어낸다'라는 여러 비유들을 이미 들어보았습니다. 사실 이 말은 중국의 역사가 사마천(司馬遷)이 집필한 『사기(史記)』「진서(晉書)」'우예전(虞預傳)'에 실려 있는 경구 "실지호리 차이천리(失之毫釐 差以千里)"에서 기원합니다. 호(毫)와 리(釐)는 저울의 작은 눈금 단위를 가리킵니다. 그렇기에 이 경구는 '호와 리의 작은 차이가, 결국 천리의 차이로 벌어진다'는 뜻이 됩니다. 처음에 별스럽지 않게 생각한 작은 차이가 나중에는 커다란 차이의 결과를 빚어낸다는 뜻입니다. 그래서 이 경구를 줄여 '호리가 천리간다'라는 말로 표현하기도 합니다. 그러면 이 구절과 관련해 '병정동자래구화(丙丁童子來求火)'라는 화두를 소개해보도록 하겠습니다.

중국 당(唐) 시대, 법안문익(法眼文益) 선사가 오백여 대중을 지도하며 지낼 때였다. 선사의 문하에 현칙(玄則)이라는 스님이 있었는데, 스님은 감원(監院, 선원의 살림을 총괄하는 직책, 지금의 주지) 소임을 보면서도 단 한 번도 선사에게 법을 묻지 않았다. 그래서 하루는 법안 선사가 현칙 스님에게 물었다.
"그대는 나에게 법을 묻지 않는 이유라도 있는가?"
"네, 스님. 저는 이미 청봉(青峯) 화상 문하에서 한 소식을 얻었습니다."
"그래? 그럼 어디 한번 말해보거라."

"제가 청봉 화상에게 '무엇이 학인의 자기 자신입니까?'라고 물었더니, 청봉 화상이 '병정동자가 불을 구하러 왔구나'라고 했습니다. 그때 그 뜻을 알았습니다."

"옳기는 하나 아직 옳지 못한 것이 있구나. 한번 설명해 보거라."

"병정(丙丁)은 음양오행에서 불[火]에 해당하니* 이는 '불이 불을 구한다'는 말입니다. 그러니 이것은 곧 '부처가 부처를 구한다'는 뜻이 아니겠습니까?"

"아니야. 자네는 잘못 알았네. 그렇게 알아서야 청봉의 불법을 꿈에도 보지 못한 걸세."

그러나 현칙 스님은 선사의 말을 수긍하지 않고 자리를 일어나 나갔다. 그러나 아무리 생각해도 개운치 않았다. 오백여 대중을 지도하는 선사가 저렇게 말한 데에는 무슨 분명한 이유가 있을 것이기 때문이었다. 그래서 다시 선사에게 돌아와 똑같이 물었다.

"스님, 무엇이 학인의 자기 자신입니까?"

이에 법안 선사가 대답했다.

"병정동자가 불을 구하러 왔구나."

이 말을 듣고 현칙 스님은 크게 깨달았다.

- '갑을병정무기경신임계.' 십간(十干) 중에서 갑을(甲乙)은 청색, 나무 목(木)을 뜻하고 병정(丙丁)은 적색, 불 화(火)를 뜻한다.

물음도 똑같고 대답도 같았습니다. 하지만 두 번째 문답에서 현칙 스님은 크게 깨달았습니다. 사실 현칙 스님은 청봉 화상 문하에서 '병정동자래구화(丙丁童子來求火)' 화두를 의리(義理, 뜻)로 이해했습니다. 그러면서 '알았다' 착각하며 그 뜻에 안주했습니다. 그러다 결국에 법안 선사에게 경책을 받고는 제대로 깨달을 수 있었던 것입니다. 그러나 이상합니다. 문답의 내용상으로는 아무런 차이가 없습니다. 비록 선사가 다를지언정, 물음도 대답도 똑같았던 것입니다. 그러나 이것은 알음알이와 깨달음이라는 큰 차이로 벌어지고 말았습니다.

청봉 화상과의 대화에서 현칙 스님은 '병정동자래구화'를 뜻으로 해석했습니다. 그러나 법안 선사와의 거량에서 현칙 스님은 '병정동자래구화'라는 뜻으로 풀지 않았습니다. 말과 생각이 끊어진 상태에서 오묘한 도리를 체득하게 된 것입니다. 이를 달리 표현하자면, 현칙 스님은 '병정동자래구화'를 '곧장' 들은 것입니다.

이것이 이해의 알음알이와 이해마저도 떠난 곧장의 차이입니다. 이치와 논리로 해석하는 것이 알음알이로 들은 것이고, 이를 벗어나 있는 그대로 들음이 바로 곧장 듣는 소식입니다. 대답의 외형상 호리만큼의 차이도 없습니다. 하지만 받아들임의 차이는 천지만큼 다른 도리입니다.

'병정동자래구화' 화두를 '병정동자가 불을 구하러 왔구나'라는 식으로 해석한다면 이 화두는 절대로 타파될 수 없습니다. 화두를 타파할 수 있는 유일한 방법은 곧장 듣는 것입니다. 그것은 '병' '정' '동' '자' '래' '구' '화'처럼 소리로 들어가는 것입니다. 달리 말한다면 이것은 소리의 드러남으로 들어가는 것이고, 혹 소리를 들음으로 들어가는 것이기도 합니다. 그리하여 소리의 드러남과 소리의 들음마저도 경계 없이 하나가 된다면, 그것이 곧장 듣는 것입니다. 이것은 달리 표현하자면 '전체로 드러남과 곧장 만나는 것'이라고도 할 수 있습니다. 이것은 아무런 분리 없는 일치를 이루는 것이고, 또 다른 표현으로 계합(契合)이라 합니다.

계합은 이치로서의 이해가 아닙니다. 이해란 어떠한 '내용'과, 그것을 받아들이는 '주체'와 그것이 받아들여지는 '방식'이 상정되어 있습니다. 즉 이해란, 나를 중심으로 바깥 대상과 그것을 이해하는 방식이 철저하게 분리되어야 가능한 일입니다. 하지만 불교의 깨달음은 무아(無我), 즉 고정된 실체가 없음을 근간으로 이루어집니다. 이것은 곧 나라는 실체가 무너질 적에야 비로소 진리와의 온전한 만남이 이루어진다는 것을 뜻합니다. 이렇듯 나라는 실체나 중심이 완연하게 무너짐으로써, 그렇게 무아의 상태로서 모든 대상 경계를 곧장 응하는 것이 바로 계합의 도리입니다.

그렇기에 계합에는 어떠한 뜻도 없습니다. 다만 곧장 드러남이 있을 뿐입니다. 곧장 말하고, 곧장 듣고, 곧장 보고 하는 곧장의 일들만 벌어질 뿐입니다. '병정동자래구화(丙丁童子來求火)'라는 화두를 놓고, 나라는 실체를 두고 이해라는 관점으로 보자면 이는

'병정동자가 불을 구하러 왔구나'라는 식으로 해석될 것입니다. 하지만 무아라는 진리와 계합한다면 '병정동자래구화(丙丁童子來求火)'라는 화두는 '병' '정' '동' '자' '래' '구' '화'처럼 소리의 명징한 드러남이라는 일로 바뀌게 됩니다.

뜻으로 찾아가면 어긋납니다. 왜냐하면 뜻의 근간에는 나라는 실체가 머물러 있기 때문입니다. 그렇다고 뜻 없는 곳을 지향한다 해도 어긋납니다. '없다' 해도 이는 '있다'의 반대로서 근간에 여전히 나라는 실체가 머물러 있기 때문입니다.

그렇지만 나라는 실체 없이 만날 수 있는 방법이 있습니다. 그것이 바로 '곧장'인 것입니다. 무아의 도리와 계합한다면, 그것은 곧장 듣는 것이고, 그럴 수만 있다면 뜻이 있다 해도 옳고, 설사 뜻이 없다 해도 또한 옳습니다. 그 어떠한 뜻으로 드러난다 하여도, 또 뜻이 나타나지 않는다 하여도, 그 모두가 진실함으로서 회귀되기 때문에 옳습니다. 이러한 진실함이 드러나는 방식은 분명히도 이와 같습니다.

'병' '정' '동' '자' '래' '구' '화'

펜을 들면 모양이 드러납니다. 하지만 펜을 책 뒤에 놓으면 모양은 사라집니다. 펜으로 책상을 치면 소리는 드러났다 사라집니다. 계합(契合)이란 이런 모양과 소리를 따라가는 것이 아닙니다. 애초부터 나타난 바도 없고 사라지지도 않는 것, 얻을 수도 없고 버릴 수도 없는 것, 떠날 수도 없고 그렇다고 잡아맬 수도 없는 것, 그것과 제대로 만나는 것이 바로 계합입니다.

그러한 차원에서 모양과 소리는 진리가 보내는 힌트이자 제스처입니다. 그러나 힌트와 제스처는 본품이 아닙니다. 그것이 가리키고자 하는 어떤 더 큰 바가 있습니다. 펜이라는 물건과 책상 두드림을 통해서 모양과 소리로 드러나기는 하지만, 이것보다 더 큰 것이 있다는 것입니다. 모양도 소리도 아니면서, 언제나 있었고 언제나 변하지 않은 '이것'을 찾을 수 있게끔, 그렇게 모양과 소리라는 힌트와 제스처로 드러났던 것 뿐입니다. 그러한 힌트로 나타난 것이 바로 부처님이 본 '새벽별'이었고, 서산 대사가 들었던 '닭 울음소리'였습니다. 새벽별과 닭 울음소리에는 아무런 뜻이 없습니다. 다만 그것은 진리를 암시하기 위한 힌트들로 찾아온 것입니다.

다만 이러한 진리의 힌트들을 제대로 보기 위해서는 준비가 필요합니다. 그것은 바로 나를 비워놓는 것입니다. 나라는 실체가 비워짐으로써, 그 모든 경계에 아무런 의미 부여를 하지 않고 있는 그대로 응함이 바로 '곧장'인 것입니다. 그렇기에 곧장 보고, 곧장 듣는 것입니다. 곧장에는 그 어떤 뜻도 없습니다. 하지만 나를 비워 곧장이 된다면, 그 어떤 뜻에도 장애 없이, 차별 없이, 진실하게 경계들이 펼쳐지게 됩니다. 그것이 '곧장'입니다. 그리고 이 곧장의 힌트며 제스처가 바로 이렇게 나타난 것입니다.

'병' '정' '동' '자' '래' '구' '화'

이 '곧장'을 선사들은 '눈앞[目前]'이라 비유하기도 했습니다. 눈앞은 환히 열린 전체입니다. 다양한 대상 경계들은 눈앞의 유위법으로 오가지만, 눈앞 자체는 무위법으로서 오고 가지 않습니다. 이러한 눈앞을 만나기 위해 우리에게 무슨 노력이 필요한가요. 우리는 언제나 어디서든, 눈앞을 있는 그대로, 빈틈없이, 여여(如如)하게 만나고 있습니다.

다만 눈앞과 온전하게 계합함에 단 하나의 장애 요소가 있을 뿐입니다. 그것이 바로 '내가 실체로서 존재한다'는 착각입니다. 무시(無始, 시작을 알 수 없음)으로부터 비롯된 이 거대한 착각이 본래 펼쳐져 있는 눈앞과의 만남을 방해하는 것입니다. 그래서 우리는 이미 눈앞과 빈틈없이 대하고 있지만, 밀도 깊은 만남을 하지 못하고 있는 것입니다. 이러한 눈앞과의 온전한 만남을 위해 다른 것은 필요치 않습니다. '고정된 실체로서의 나'라는 이 착각 하나만 거두어 낼 뿐입니다. 그렇다면 무아의 깨달음을 온전히 체득하게 됩니다. 그러할 때 활연히 열린 눈앞으로서 소리라는 힌트 역시, 분명한 진리로서 곧장 이렇게 드러납니다.

'병' '정' '동' '자' '래' '구' '화'

처음 청봉 화상과 만났을 당시 현칙 스님은 '병정동자래구화'를 뜻으로 해석하는 수준이었습니다. 하지만 단지 사량(思量, 깊이 생각해 헤아림) 차원에 머무는 정도는 아니었을 것입니다. 그리하여 법안 선사 문하에서 법의 기틀을 꾸준히 닦아 놓다가, 법안 선사의 경책으로 의심이 크게 돈발(頓發, 문득 떠오름)되었습니다. 기틀이 좋은 만큼 아마 의심도 크게 담겼을 것입니다. 그러다 법안 선사가 다시금 '병정동자래구화'를 말하는 순간, 그 소리 하나하나가 진리로 담기며 언하대오(言下大悟, 말끝에 크게 깨달음)로 이어진 것입니다. 선지식이며 방편도 물론 중요합니다. 하지만 나 자신이라는 법의 그릇을 잘 비워놓으며 의심으로 가득 채우는 것에 비하지는 못합니다. 이러한 준비가 오롯이 잘 갖추어질 적에 깨달음의 인연이 홀연히 찾아드는 것입니다.

    결국엔 그러합니다. 자기 마음의 그릇을 잘 비워놓고, 간절하게 의심하고 공부하는 사람이 기연을 만나 깨닫게 됩니다. 이것이 무아를 체화하는 일이기도 하고, 동시에 눈앞과 밀도 깊게 계합하는 것입니다. 나를 잘 비워놓은 만큼, 의심을 크게 키운 만큼, 깨달음도 크게 찾아옵니다.

    그렇기에 진정한 깨달음은 단지 생각이나 의식 차원에 머무는 것이 아닙니다. 그런 생각을 넘어서 온몸으로 깨닫는 것입니다.

그리고 나의 의식이 활연히 열린 전체로 확장되는 일입니다. 그렇기에 깨달음은 단지 내가 이루는 일만이 아닙니다. 진정한 깨달음이라면, 눈앞으로서 온 세상의 모든 존재가 단번에 깨달음으로 들어서게 됩니다. 나와 남이 그 어떤 차별없이 동시에 진리의 세계로 들어서는 것, 이것이 바로 자타일시성불도(自他一時成佛道)의 도리인 것입니다.

진리는 고통을 손님으로 보낸다

4
欲得現前 莫存順逆
욕득현전 막존순역

도가 앞에 나타나길 바라거든
따름과 거슬림을 두지 말라.

도가 나타나길 바란다지만, 사실 도는 이미 우리 눈앞으로 여실하게 나타나 있습니다. 하지만 도를 찾지 못하는 이유는 분명합니다. 모양과 소리, 의미에서 찾으려 하기에 이미 나타난 도를 찾을 수 없는 것입니다. 그런데 이렇게 완연히 드러난 도와 제대로 만나지 못하는 이유에 대해 이 구절은 순역(順逆)이라 이야기합니다. 순역은 순경계와 역경계의 준말입니다. 이것은 『신심명』 처음에 나왔던 증애(憎愛)와 의미를 달리하는 분별입니다. 그러나 여전히 분별심에 속합니다. 우리 중생은 순경계는 좋아하고, 역경계는 싫어하기 때문입니다.

그러나 실상 순경계나 역경계 자체가 문제가 되는 것은 아닙니다. 순역은 우리의 삶을 통해서 다양하게 펼쳐지는 상황이기 때문입니다. 사실 순역보다 더 큰 문제가 되는 것은 순역에 대한 우리의 집착입니다. 우리가 아무리 순경계를 원하고 역경계를 싫어한다 하더라도, 순역의 경계들은 인연 따라 끊임없이 생겨나고 사라지기를 반복합니다. 순경계나 역경계는 이렇듯 우리의 의지와 상관없이 인생 전반에 걸쳐서 다양한 모습으로 나타나게 되어 있습니다.

그렇기에 우리가 할 수 있는 유일한 일은 순역의 경계에 집착하지 않는 것 뿐입니다. 순경계는 순경계대로 우리의 마음속에서 잠시 머무르다 인연이 다하면 가게끔 해줄 뿐입니다. 그리고 역경계는 역경계대로 활보해주게끔 허용해주면서 또한 인연이 되면 보내주는 것이 우리가 할 수 있는 유일한 대응입니다. 이러한 지혜를 바탕으로 페르시아의 신비주의 시인 루미는 '여인숙'이라는 시를 남겼습니다.

> 인간이란 존재는 여인숙과 같아서
> 아침마다 새로운 손님이 도착한다.
> 기쁨, 우울, 야비함,
> 그리고 어떤 찰나의 깨달음이
> 예기치 않은 손님처럼 찾아온다.
> 그 모두를 환영하고 잘 대접하라.
> 설령 그들이 그대의 집 안을
> 가구 하나 남김없이 난폭하게 휩쓸어 가버리는
> 한 무리의 아픔일지라도.
> 그럴지라도 손님 한 분 한 분 정성껏 모셔라.
> 그대의 내면을 깨끗이 비우는 중일지도 모르니.
> 어두운 생각, 부끄러움, 미움,
> 그 모두를 문 앞에서 웃음으로 맞아
> 안으로 모셔 들어라.
> 어떤 손님이 찾아오든 늘 감사하라.
> 그 모두는 그대를 인도하러
> 저 너머에서 보낸 분들이니.
>
> - 루미 '여인숙' 전문

우리에게 찾아드는 모든 경계에 대한 인정과 받아들임 역시 훌륭한 방편으로써의 수행입니다. 기쁨이나 우울과 같은 순역의 경계들이 온다 하더라도 우리가 할 수 있는 일은 그러한 감정 혹은 대상들이 각자의 인연만큼 잘 머물다, 또 잘 돌아가게끔 자신을 스스로 비워놓는 일밖에 없는 것입니다.

그런데 이 시에서 루미는 삶에서 잘 드러나지 않은 순역의 비밀을 알려줍니다. 그것은 순역의 경계가 우리를 파괴하기 위해서 오는 것이 아니라는 점입니다. 오히려 우리의 내면을 깨끗이 비우기 위해서, 그렇게 먼저 와 있는 것이 순역의 경계입니다. 그리하여 종국에는 진리의 세계에 도달하게끔 하기 위해 온갖 형태의 분별심으로 와 있는 것이 바로 순역의 경계입니다. 진리의 땅에 온전히 도달하게끔, 그렇게 앞선 인도자로서 오게 된 것이 우리가 삶에서 여러 방식으로 만나는 순역의 여러 감정과 대상들입니다. 그렇기에 나를 온전히 비우길 원한다면, 순역의 경계들을 내 기호에 따라 잡아 가두거나 밀쳐낼 일이 아닙니다. 나를 깨닫게끔 하기 위해 진여(眞如)가 보낸 귀중한 손님들이니, 그렇게 잘 받들어 모시다 잘 보내드리면 될 뿐입니다.

마음은 지조 없이 변한다

5
違順相爭 是爲心病
위순상쟁 시위심병

어긋남과 따름이 서로 다툼은
이는 마음의 병이 됨이니

중생은 마음을 비워내지 못하기에 괴롭습니다. 본연의 마음 그릇을 잘 비워놓아야지, 증애며 순역이 잘 지내다가 갈 터인데, 집착하는 그 마음으로 괴롭습니다. 그래서 마음 안에서는 무수한 투쟁이 벌어지고, 마음의 병으로까지 이어집니다. 마음 그릇이 크지 않아서, 그리고 마음이 생각과 감정으로 복잡하여, 어떤 때는 좋고 또 어떤 때는 싫은 상황이 무수히 반복됩니다. 이렇게 지조 없이 변하는 마음이 우리 중생의 고질병입니다.

세계 일주 중, 멕시코의 산 크리스토발이라는 도시에 머물 때였습니다. 당시 남미를 여행 중이던 한 친구를 만났는데, 그 친구는 마음공부에 어느 정도 관심이 있었습니다. 호스텔에서 그 친구와 이런저런 이야기를 나누다, 친구가 이런 말을 했습니다.
"스님, 저는 영원히 변치 않을 사랑을 찾으려고 해요."
'킬링 원제'는 친구의 말을 단칼에 잘라버렸습니다.
"그런 사랑은 없어."
"아니, 왜요?"
"너는 너 자신만을 사랑해줄 그럴 사람을 찾고 있지. 그 태도나 생각이 딱히 문제가 되지 않아. 사람 욕심은 끝이 없으니까. 그런데 문제가 되는 것은 네 마음이야. 왜냐하면 설사 그런 비슷한 사람이 나타났다 하더라도, 네 마음이 끊임없이 뒤

바뀔 거야. 안 그래?"

"네, 맞아요."

"그러니까 상대방의 마음이 변할까 두려워할 필요는 없다는 거야. 사람 마음이 원래 다 그래. 중요한 건 영원한 사랑을 할 수 있을 만큼, 과연 너의 마음이 변하지 않을 자신이 있어?"

친구는 대답을 하지 못했습니다.

그래서 언제나 같은 결론으로서 말합니다. 영원한 사랑은 결코 구할 수가 없습니다. 그러나 나의 마음이 텅 비워져 언제나 한결같을 수만 있다면, 그때는 더 이상 영원한 사랑을 구할 필요가 없습니다. 왜냐하면 내가 변하지 않는 그 한결같음으로 사랑을 해줄 수 있기 때문입니다. 그 한결같은 마음이 바로 사랑인 것입니다.

그렇기에 사랑은 구하는 것이 아닙니다. 사랑은 되는 겁니다.

현묘한 뜻은 잘 숨겨져 있다

6
不識玄旨 徒勞念靜
불식현지 도로염정

현묘한 뜻은 알지 못하고
공연히 생각만 고요히 하려 하도다.

이 구절에서는 현묘한 뜻을 말합니다. 하지만 그런 현묘한 뜻이 따로 정해져 있다고 착각해서는 안 됩니다. '고정된 뜻이 없음' 혹은 '뜻이 비어 있음'이야말로 현묘한 뜻이 될 수 있는 요건이기 때문입니다. 따로 정해질 바가 없기에, 오히려 현묘한 뜻이 될 수 있습니다.

『육조단경(六祖壇經)』에서 혜능(慧能) 스님은 "무념위종(無念爲宗) 무상위체(無相爲體) 무주위본(無住爲本)"이라 말합니다. 이를 해석하면, '무념을 으뜸으로 삼고, 무상을 몸통으로 삼으며, 무주로 근본을 삼는다'는 뜻입니다. 여기에서 종지(宗旨, 핵심·근본 사상이나 가르침)가 되는 무념(無念)은 단지 '뜻이 없다', '생각이 없다'가 아닙니다. 무념의 근간은 바로 무아(無我)입니다. 나라는 고정된 실체가 사라짐이 무념의 근본 바탕입니다. 그렇기에 단지 뜻이 없거나 생각이 없는 수준으로서 '현묘한 뜻[玄旨]'이 되지는 않습니다.

노자(老子)가 『도덕경(道德經)』에서 주로 쓴 '어두울 현(玄)' 자는 단지 '검다'거나 '보이지 않는다'는 뜻만 있는 게 아닙니다. '잘 드러나지 않을 정도로 어둡게 잘 숨겨져 있다'는 뜻까지 포함되어 있습니다. 그렇기에 현묘한 뜻이 되기 위해서는 잘 숨겨져 있어야 하는 것입니다. 보이지 않지만 숨은 바 없고, 숨었지만 보이지 않는 것도 아닐 때야 비로소 잘 숨겨져 있는 것입니다.

수행 초기, 좌선을 하며 한결같은 화두 일념을 이어가고 싶었습니다. 하지만 좌선할 때마다 어느 찰나엔가 번뇌로 끌려들어갔습니다. 그렇기에 화두 참구를 하다가도 어느샌가 화두가 아닌 딴생각에 빠진 자신을 숱하게 발견할 뿐이었습니다. 그래서 하루는 이런 생각을 하게 되었습니다.

'만일 내가 번뇌가 일어나는 시점을 정확하게 포착하기만 한다면, 더 이상 망상에 빠져들지 않을 수 있지 않을까?'

그래서 화두 참구는 내팽개치고, 언제 망상이 일어나는가 골똘하게 지켜보는 것으로 정진 시간을 보내게 되었습니다. 하지만 망상의 시작을 포착하려는 시도는 번번이 실패로 돌아갔습니다. 의도와는 아무런 상관없이, 어느 순간 다시금 망상에 끌려들어가 있었습니다. 망상의 시작을 포착하겠다는 그런 또다른 망상 때문에 공연히 힘을 쓰다 도리어 기운이 빠져버리기도 했습니다. 결국 망상의 근원을 포착하겠다는 시도는 매번 실패로 돌아갔습니다.

생각을 고요히 하려는 태도나 망상의 근원을 포착하겠다는 시도는 사실상 현묘한 뜻과 제대로 만나지 못하기에 일어난 어리석은 노력입니다. 중요한 것은 생각의 유무 여부가 아닙니다. 생각은 나라는 존재에 기반해 일어나는 현상인데, 존재의 실체성이 사라지게 된다면 생각 역시 실체로서의 힘을 잃게 되는 법입니다. 그렇기에 생각을 고요히 하기보다는 현묘한 뜻으로서의 무념 그리고 그 근간으로서 무아와의 계합이 훨씬 중요합니다.

그럴 수만 있다면 생각은 자연스레 힘을 잃고 고요해집니다. 그렇다고 해서 생각이 사라지는 것은 아닙니다. 실체에 기대어 날뛰게 되는 생각이 고요해지는 것입니다. 인연에 맞게끔 생각은 자연스레 일어나게 되어 있고, 또 인연이 다하면서 생각은 자연스레 사라지게 됩니다. 이 자연스러움에는 아무런 허물이 없습니다.

허공은 모두를 품는다

7
圓同太虛 無欠無餘
원동태허 무흠무여

둥글기가 큰 허공과 같아서
모자람도 없고 남음도 없거늘

이 구절에서 지극한 도는 그 모양이 둥글다고 비유했습니다. 하지만 의문이 들 수 있습니다. 왜 도는 세모나 네모도 아닌 둥근 것에 비유되는 것일까요?

세계 일주를 마치고 2014년 동안거로 들어가게 된 송광사(松廣寺)의 선원 수선사(修禪社)는 여타 선원과 다른 점이 있습니다. 보통 선원에서는 새벽 정진을 위해, 법당에서의 일반적인 예불이 아닌 선원에서의 죽비 예불을 진행합니다. 그래서 모든 선원에는 불상이 모셔져 있습니다. 하지만 수선사에는 부처님이 없습니다. 대신 부처님을 모실 자리에 커다란 둥근 거울 하나가 자리해 있습니다. 큰스님이 그린 일원상(一圓相)도 아닌, 원경(圓鏡) 하나가 걸려 있는 것입니다. 선불교 전통에서 일원상은 완전무결한 깨달음을 상징하는데, 이 원경이 일원상을 대신하는 것입니다.

그러나 수선사의 원경은 특별합니다. 단지 그 모양이 둥글기만 한 것이 아니라 사람을 비추기 때문입니다. 그렇기에 새벽 예불을 할 때마다 수좌스님들은 부처님이 아닌 본인 자신에게 예경을 올리게 됩니다. 그렇게 둥근 거울은 매일 새벽마다 예불하는 수좌스님들의 모습을 아무런 차별 없이 평등하게 비추어줍니다. 그래선지 수선사에서의 새벽 예불은 특별하게 다가옵니다. 그것은 예불이기도 하지만, 매일같이 스스로에게 예경을 올리며 자기 자신의 수행을 돌이켜보는 엄숙한 성찰의 시간이 되기도 하는 것입니다.

또한 이 구절에서 진리는 큰 허공으로 비유되고 있습니다. 이와 관련지어 황벽(黃檗) 스님의 가르침이 담긴 『전심법요(傳心法要)』에서 법신(法身)과 허공의 비유를 살펴보도록 하겠습니다.

"부처님의 참 법신은 마치 허공과 같다고 하는데 이는 비유이다. 법신(法身)이 곧 허공이요, 허공이 바로 법신인데, 보통 사람들은 법신이 허공에 두루하고 있다고 하면, 허공 가운데 법신을 포용하고 있는 줄 알고 있다. 법신이 바로 허공이며 허공이 바로 법신임을 모르는 것이다."

진리의 본체라 할 수 있는 법신은 모양과 크기가 없습니다. 만일 모양과 크기가 따로 있다면, 결국 다른 모양이나 크기를 품을 수 없기 때문입니다. 모양과 크기를 넘어서 모든 존재를 품어야만 하기에, 법신에는 그렇게 모양과 크기가 없어야만 합니다. 그래서 법신은 허공에 비유되는 것입니다.

도시에는 수많은 건물들이 들어서 있습니다. 그러나 저 자리에 빌딩이 서 있는 것만은 아닙니다. 달리 보자면 허공이 저 자리에서 저렇게 빌딩을 품어주고 있는 것이기도 합니다. 하늘에 구름이 흘러가고 있는 것만도 아닙니다. 구름이 지나게끔 허공이 저렇게 자리를 내어주고 있습니다. 도로에서 차량 경적이 들리는 것만도 아닙니다. 저 소리가 말끔히 울려 퍼지게끔 허공이 막힘없이 공간을 터주고 있습니다.

허공은 모양과 소리가 아닙니다. 그렇기에 모든 모양과 소리, 의미와도 같은 다양한 경계를 품고 또 동시에 드러내줄 수 있습니다. 이것이 바로 모자람도 남음도 없는 허공의 공덕이라 할 수 있겠습니다.

시행착오는 나와 삶을 성숙하게 한다

8
良由取捨 所以不如
양유취사 소이불여

취하고 버림으로 말미암아
그 까닭에 여여하지 못하도다.

이 구절에 대해 성철 스님은 다음과 같이 말했습니다.

"대도에는 모든 것이 원만구족하여 조금도 모자라고 남는 것이 없지만, 우리가 근본 진리를 깨치지 못한 것은 취하고 버리는 마음, 즉 취사심(取捨心) 때문에 그렇다는 것입니다. 중생을 버리고 부처가 되려는 것도 취사심이며, 불법을 버리고 세속법을 취하는 것도 취사심으로서 모든 취하고 버리는 것은 다 병입니다."

간혹 불법을 늦은 나이에 만났음을 한탄하면서 마음공부를 빨리 마치겠다고 원력을 세운 늦깎이 구도자들이 있기도 합니다. 그래도 참선 공부를 알게 된 인연을 감사해하며 최대한 빨리 깨달음을 성취하고자 큰 원력을 세운 것입니다. 그중에는 더러 이런 말을 하는 사람도 있습니다. 늦은 나이에 공부를 시작했기에, 시행착오를 거치지 않고 빨리 공부를 이루어 가고 싶다는 것입니다.

하루빨리 마음의 근본을 밝혀내 심적 안정을 이루면서 자유롭게 살고자 하는 마음을 이해하지 못하는 바는 아닙니다. 하지만 이른 시일 안에 도를 이루고자 하는 그 마음을 불가(佛家)에서는 '속효심(速效心)'이라고 부릅니다. 이런 속효심으로 수행하던 한 사람이 저에게 이렇게 물었습니다.

"스님, 저는 바른 수행의 길만 가고 싶어요. 시행착오를 겪고 싶지 않아요. 무엇이 바른 수행의 길인가요?"

그러나 이런 속효심도 어떤 의미에서는 취사심입니다. 나에게 헛걸음이 될 수 있는 길은 버리고, 오직 이득이 될 수 있는 길만 선택하려 한다는 점에서 그렇습니다. 그래서 저는 이렇게 대답했습니다.

"수많은 전생 동안 무량한 공덕과 최고의 수행력을 쌓으신 부처님께서도 6년간 고행과 선정 수행을 거치셨습니다. 그리하여 고행과 선정 수행의 최고봉에 오르실 수 있었습니다. 그런데 정작 보리수 아래에서 마지막 정진을 다짐하셨을 때, 고행을 고집하지도, 선정에 집착하지도 않으셨습니다. 왜냐하면 고행이나 선정을 통해서 완전한 깨달음에 도달할 수 없음을 아셨기 때문입니다. 이런 차원에서 보자면 '어떤 의미'로서 부처님께서도 시행착오를 겪으셨습니다. 인류 최상 근기의 수행자라 하실 수 있는 부처님께서도 그러셨는데, 왜 본인은 시행착오를 겪으면 안 된다고 말하는 것이지요?"

시행착오는 헛걸음이 아닙니다. 공부 방향을 바르게 찾아가는 조절의 과정이고, 나의 살림을 더욱더 단단하게 만들기 위한 인고의 경험입니다. 시행착오는 피해야 할 고난이 아니라, 나와 삶을 성숙하게 하는 경험인 것입니다. 깨달음은 얻고 싶지만 시행착오는 피하려는 마음, 이것은 취사심입니다. 이러한 취사심에서 벗어나지 못하는 한 깨달음은 오지 않습니다. 겪을 일은 모두 겪고, 치를 일은 다 치러내야만 합니다. 그러한 순역의 경험들이 실상 깨달음을 견고히 하기 위해 찾아오는 소중한 기회들이기 때문입니다.

그렇게 취사심에서 벗어나 묵묵히 자기 수행의 길을 갈 뿐입니다. 그리하여 인연이 익게 된다면 어느샌가 우리는 깨달음에 가까이 도달해 있을지도 모릅니다. 이러한 까닭에 수행자의 수행은 영민한 발걸음이 아닌, 소걸음[牛步]에 비유됩니다. 다만 우직하고도 성실하게 자기 수행의 길을 꾸준하게 갈 뿐입니다. 그리고 그 걸음이 쌓이다 보면, 어느샌가 자기도 모르는 사이에 천리(千里)에도 이르는 법입니다. 그 천리는 시행착오와 순역의 경험마저도 모두 허용해주는 소걸음의 묵묵함으로 완성되는 천리입니다.

완전히 비워지면 온전히 채워진다

9
莫逐有緣 勿住空忍
막축유연 물주공인

세간의 인연도 따라가지 말고
출세간의 법에도 머물지 말라.

'유연(有緣)'은 세간법이고, '공인(空忍)'은 출세간법입니다. 세간은 유위법[有]의 원리에 따라 운용되고 있고, 출세간은 텅 비어 있는 무위법[空]을 근간으로 합니다. 그렇기에 이 구절은 '세간의 유위법을 좇지 말고, 출세간의 무위법에도 머무르지 말라'는 뜻이 됩니다.

공(空), 즉 텅 비어 있는 무위법은 진리의 근간입니다. 하지만 비어 있음만이 진리의 전부는 아닙니다. 앞서 살펴보았듯이, 허공은 언제나 공덕과 함께하기 때문입니다. 비어 있지만 모든 존재와 현상을 품고 있으며, 여러 인연들이 각각의 경계로서 자유롭게 드나들 수 있는 것, 이것이 바로 허공의 공덕입니다. 허공과 공덕은 결코 따로 떼어놓고 볼 수는 없습니다.

이러한 허공의 공덕은 불교에서 다른 용어로 표현되기도 합니다. 진공묘유(眞空妙有)나 공적영지(空寂靈知), 응무소주 이생기심(應無所住 而生其心)이 그러합니다. 진리의 본체는 마치 허공과도 같아 규정할 수 없으며, 비어 있고, 머무를 바도 없습니다. 하지만 그 공덕은 묘하게도 마음이라는 앎을 통해서 모든 존재와 형태와 작용으로 드러나고 있습니다. 기독교 수행 전통에서는 이를 두고 '텅 빈 충만'이라고 표현하기도 합니다. 근원을 알 수 없고 규정할 수 없기에 텅 비어 있다고 합니다. 그와 동시에 세상의 모든 존재와 인연의 일들로 가득합니다. 그래서 '텅 빈 충만'입니다.

이러한 뜻을 바탕으로 '수연수용(隨緣受用)'이라는 말이 나오기도 합니다. 이는 '인연에 따라 받아들인다'는 뜻입니다. 그러면서 자연스러운 인연을 따라간다는 뜻이 되기도 합니다. 하지만 이 수연수용을 잘못 해석해 '모든 것은 인연 따라 벌어지기 때문에 나는 아무것도 하지 않아도 된다'는 뜻으로 받아들이면 안 됩니다. '나'에게 집착하지 않으며 인연에 맞게끔 '나'를 부리는 것, 이것이 수연수용의 진정한 의미이기 때문입니다. 그러한 차원에서 수연수용에 관한 스승과 제자의 일화를 소개해보겠습니다.

제자는 스승에게 자신의 집착 없는 마음의 경지를 자랑하며 이렇게 말했습니다.

"스승님, 저는 인연에 따라 공양이 들어오면 받아들이고, 또 공양이 없다면 없는대로 잘 지냅니다. 모든 것이 자연스럽습니다. 제가 해야 할 인위적인 일은 아무것도 없습니다."

이런 제자의 말을 듣고 스승은 감탄하며 말했습니다.

"자네는 벌써 그런 무애(無礙)의 경지에 이르렀는가. 한데 나는 그러지 못하네. 부침개가 먹고 싶다면, 나는 봄에 밭을 일구어 감자도 심고 호박도 심고 하네. 잡풀이 생기면 뽑아도 주고, 한낮 더위를 피해 물도 잘 주어야만 하지. 그렇게 여름철 농사를 잘 지어, 백일 즈음 지나 감자며 호박을 수확하네. 하지만 여기서도 끝은 아니지. 감자의 흙도 잘 털어내야 하고, 호박도 야무지게 손봐야 하니 말일세. 그런 다음에서야 기름을 데워 부침개도 해 먹을 수 있는 것이야. 자네와 달리 나는 이렇게 수고스럽게 산다네."

　제자는 자신을 하나의 고정된 위치에 놓고, 대상이 되는 인연들을 단지 받을 뿐입니다. 제자의 이러한 안이한 태도에 스승은 자상한 경책을 해준 것입니다. 진리의 본원에서 보면 '나'조차도 대상과 같은 하나의 인연입니다. 그렇기에 우리가 대상을 부리듯, 그렇게 나라는 인연도 부려야 하는 법입니다. 배가 고프면 밥도 먹고, 병이 걸리면 약도 먹습니다. 그렇기에 움직일 수 있을 만큼 몸이 성하다면 밭일도 하며 작물도 수확하는 것이 바로 나를 부리는 것입니다.

　스승은 나를 한 존재로서 고정하지 않고, 나 또한 하나의 인연으로 받아들이는 지혜를 제자에게 일러준 것입니다. 그렇게 수많은 인연과 경계들이 오갈 수 있도록 나를 비워 두어야 합니다. 그래야 허공이 나를 부리고, 법신이 나를 통해 드러날 수 있습니다. 그럴 수만 있다면 나라는 인연을 통해 밭의 흙이며, 개울의 물이며, 냄비 위의 기름들이 걸림 없이 오갈 수 있게 됩니다. 단지 나를 없애거나 축소하는 것이 아니라, 모든 인연들이 묶일 바 없이 자유롭게 드나들게끔 나를 비워놓는 것입니다. 이것이야 말로 진정으로 비워지면 완전하게 채워지는 도리입니다. 그리고 이러한 삶이야말로 유위법을 좇지 않고, 그렇다고 무위법에도 매몰되지도 않는 진정한 수연수용의 삶이 되는 것입니다.

차별을 떠나면 그대로 중도

10
一種平懷 泯然自盡
일종평회 민연자진

한 가지를 바로 지니면
사라져 저절로 다하리라.

한 가지를 바로 지닌다는 것은 유(有)에 집착하거나 공(空)에도 머무르지 않는 중도(中道)를 뜻합니다. 중도는 유무(有無)의 중간이 아닙니다. 중도는 유무의 대립과 차별을 완전히 떠나면서, 동시에 유와 무 전부를 포섭하는 도리입니다. 이러한 중도를 이루게 된다면 근원 차원에서는 실체 없음으로 공적(空寂)함을 이루고, 작용 차원에서는 모든 인연을 진실하게 드러내는 묘용(妙用)을 구현하게 됩니다.

그러나 이러한 중도가 구현됨에 있어 반드시 거쳐야 할 선결과제가 있습니다. 그것은 나라는 실체가 완연히 무너지는 것입니다. 그래야만 무아와 곧장 계합되기 때문입니다. 그럼으로써 나라는 실체나 중심에 머무르지 않게 되니, 나조차도 하나의 경계와 인연으로 받아들일 수 있게 됩니다. 이것이 앞서 다룬 수연수용(隨緣受用)의 진정한 의미입니다. 그럴 적에야 우리는 나라는 인연을 상황에 맞게끔 부릴 수 있는 자유를 얻을 수 있게 됩니다. 이러한 도리들이 바로 진공묘유이며 응무소주 이생기심이고, 텅 빈 충만이며 허공의 공덕입니다.

온몸을 던지며 법문하는 벌

11
止動歸止 止更彌動
지동귀지 지갱미동

움직임을 그쳐 그침에 돌아가면
그침이 다시 큰 움직임이 되나니

많은 수행자들은 번뇌가 멈춰지고 오롯한 선정에 들어가기를 원합니다. 그래서 생각은 적게 일어나야 하고, 감각은 덜 느껴져야 한다고 믿기도 합니다. 그러면서 고요한 선정만이 진리라 여기기에, 생각과 감각을 번뇌라 치부해 버리고 부정하는 때도 있습니다. 생각과 감각은 이렇게 번뇌라는 누명을 뒤집어 씁니다. 그러면서 우리는 생각과 감각을 고요함으로 뒤덮으려는 어리석음을 범하기도 합니다.

한 수좌스님의 일화입니다. 산사에서 지내던 스님은 산을 찾는 관광객과 등산객들이 내는 소음 탓에 제대로 정진할 수 없다고 생각했습니다. 그래서 짐을 꾸리고 더욱 깊은 산속으로 들어갔습니다. 그러다 마침 인적이 없는 곳에 호젓한 동굴을 발견했습니다. 아무런 소음이 들리지 않는 동굴은 최선의 수행처로 보였습니다. 그래서 스님은 사람의 발길이 닿지 않는 그 동굴로 가서 매일같이 좌선 정진했습니다.

하지만 그 인적없는 동굴에도 결국 몇몇 등산객들이 찾아들고야 말았습니다. 등산을 마치고 내려오다 그만 길을 잘못 들어선 등산객들이 결국 이 동굴에까지 이르게 된 것입니다. 동굴 안에서 좌선하고 있던 스님은 당신이 소중하게 지켜오던 고요함이 깨지게 된 것을 내심 아쉬워했습니다. 그런 스님에게 한 등산객이 물었습니다.

"스님, 아래에 큰 절도 있는데 왜 이런 동굴에서 수행하세요?"
"세상의 번잡스러운 소음을 피하고자 이렇게 고요한 곳에서 정진합니다."
"아, 그러세요? 그런데요 스님, 스님은 저 물소리하고 새소리는 시끄럽지 않으세요?"

등산객의 말에 스님은 깜짝 놀랐습니다. 스님은 지금까지 사람들의 대화 소리며 자동차 소리, 텔레비전 소리가 시끄럽다고 철석같이 믿고 있었습니다. 하지만 저 폭포 소리나 새소리가 시끄럽다고 여긴 적은 없었습니다. 하지만 물소리나 새소리도 따지고 보면 매한가지로 소리였습니다. 소리가 방해된다는 생각에 고요함을 찾아 동굴 안으로 들어왔건만, 그것은 스님의 어리석은 분별심이었습니다. 당신이 그토록 피하려 했던 한 등산객으로부터 이러한 깨달음을 얻고 난 뒤, 스님은 다시 산사로 내려왔습니다.

선방에서 정진하다 보면 벌이나 파리가 선원 안으로 들어오는 때가 있습니다. 정진하며 한 시간마다 환기 목적으로 문을 열어 놓는데, 그 틈에 벌이나 파리가 들어오는 것입니다. 그런데 다시 정진에 들어가려 문을 닫아버리면 벌은 선방에 갇히고 맙니다. 그러면서 벌은 스님들이 고요히 좌선하는 시간에 밖으로 나가기 위해 종이문을 '탕탕' 하고 부딪칩니다.

고요한 선정에 들어가고 싶은 어떤 수좌에게 이 소리는 소음으로 들릴 수도 있습니다. 그러면서 그 벌에 대한 원망의 마음이 일어나기도 합니다. 저 '탕탕' 소리 때문에 내 선정이 방해받는다고 여기는 것입니다.

하지만 좀 더 열린 안목으로 보면, 저 벌은 내 선정을 막는 방해꾼이 아닙니다. 오히려 오후 정진 시간에 졸지 말라고, 화두를 성성하게 잡으라고, 그렇게 자신의 온몸을 던져가며 선방 가득히 경책의 소리를 채워주는 것인지도 모릅니다. 이러할 때 '탕탕' 소리는 더 이상 소음이 아닙니다. 수행승들을 일깨워주는 진리의 법음(法音)이 됩니다.

그러나 이와 같은 일은 비단 선원이라는 고요한 수행처에서만 벌어지는 것은 아닙니다. 우리 일상의 모든 곳이 다양한 경계가 넘쳐나는 수행처이며, 마음을 닦을 수 있는 도량입니다. 산사의 풍경 소리는 나의 마음을 정화하는 아름다운 울림이고, 차량의 경적은 나의 고요함을 깨뜨리는 저속한 소음일까요? 법상에서 법문하는 선사의 '할'은 준엄한 경책이고, 선방에 들어온 벌의 '탕탕' 소리는 어리석은 울림일까요?

소리에는 그 어떤 차별적 속성이 없습니다. 다만 그것을 받아들이는 사람의 마음 수준에 따라 온갖 차별적인 받아들임만이 있을 뿐입니다. 차별 없이 일체를 평등하게 볼 수 있는 안목이 있다면 세상의 모든 소리는 한결같이 진리를 설하는 법음입니다. 하지만 내가 온갖 증애심과 시비심으로 물들어 있다면, 세상의 여러 소리는 나를 괴롭히는 소음이 됩니다. 마음 밖의 세상이란 없습니다. 그 마음의, 그러한 세상인 것입니다.

곧장 나로 향해라

12
唯滯兩邊 寧知一種
유체양변 영지일종

오직 양변에 머물러 있거니
어찌 한 가지임을 알 건가.

양변에 머무르는 것은 증애심이나 시비심과 같은 분별심에 머물러 있는 것입니다. 마찬가지로 지혜와 번뇌가 따로 있다거나 중생과 부처가 달리 존재한다고 믿는 마음도 양변에 머문 것입니다.

앞서 동굴에서 정진한 수좌스님은 자연의 소리는 좋지만, 인위의 소리는 나쁘다는 인식이 있었습니다. 마찬가지로 일상을 살아가는 재가 수행자들은 트럭 장수의 "무 있어요~ 배추 있어요~!"는 소음이라 여기고, 산사의 풍경 소리는 우리의 마음을 정화하는 소리라 믿고 있기도 합니다. 이러한 태도가 바로 양변에 머물러 있는 것입니다. 내 마음의 분별에 따라 차별적으로 현상을 받아들이기에, 이러한 인식의 차이가 생기게 된 것입니다.

어떤 소리는 좋고 또 어떤 소리는 나쁘다고 여기는 분별심은 사실 소리가 전체라는 커다란 통에서 울려 퍼지는 소식임을 알지 못하기에 벌어지는 일입니다. 모든 형태의 소리는 인연에 맞게끔 눈앞에서 진실하게 울려 퍼집니다. 그런데도 어느 것은 취하고 다른 것은 버리려 하는 것은 우리가 눈앞의 공적함과 평등함에 온전히 깃들지 못하기에 벌어지는 일입니다.

소리에는 애초부터 어떤 차별도 없습니다. 하지만 사람은 차별합니다. 사람의 마음에서 나온 애증(愛憎), 시비(是非), 호오(好惡) 등 분별을 통해 소리를 차별적으로 받아들이고 자신의 기호에 맞게끔 소리에 의미를 부여합니다. 그러한 의미 부여의 과정을 거치기에 고통이 찾아오는 것입니다. 그러나 의미를 부여하지 않는다면, 어떤 소리도 고통의 원인이 되지 않습니다. 그렇게 소리라는 내용물이 특정의 의미와 가치를 가지는 것은 나 자신의 의미 부여를 통해서입니다. 그렇기에 수행을 통해 마음을 비워가며, 우리는 의미 부여의 힘을 덜 수 있습니다.

하지만 이보다 더 근원적인 일이 있습니다. 그것은 의미 부여를 하는 나 자신으로 곧장 돌아가는 일입니다. 내가 실체로서 존재하는 한, 의미 부여는 다양한 방식과 관점으로 계속해서 생겨납니다. 그렇기에 의미 부여 행위를 하는 근원으로서의 나 자신을 곧장 돌이켜보는 것이 최우선 과제입니다. 그러한 차원에서 '한로축괴 사자교인(韓盧逐塊 獅子咬人)'이라는 고사를 인용해 보겠습니다.

중국 전국 시대에는 한로(韓盧)라는 명견(名犬)이 있었다고 합니다. 그러나 한로가 아무리 명견이라고 한들, 개는 여전히 개였습니다. 흙을 던지면 한로는 곧장 흙덩이를 쫓아갔던 것입니다. 하지만 사자는 다릅니다. 흙덩이를 쫓아가는 대신 흙덩이를 내던진 사람을 곧장 물어버립니다.

우리의 삶에는 이러한 흙덩이와 같은 수많은 의미 부여의 일들이 넘쳐납니다. 물론 의미 부여 자체가 잘못되었거나 나쁘다고 볼 수는 없습니다. 하지만 중요한 것은 근원을 함께 볼 수 있는 안목입니다. 의미 부여된 것은 본체가 아닌 내용물입니다. 그리고 그런 내용물을 계속해서 여러 방향으로 던져내는 본체는 다름 아닌 나 자신입니다. 그렇기에 의미 부여된 다양한 경계나 상황을 따라가지 않고, 그것을 던져내는 나 자신을 곧장 파악하는 것, 이것이 사람을 물어버리는 사자의 안목입니다. 바깥으로 던져진 그 흙덩이가 아닌, 분별심과 조작심의 내용물이 아닌, 그렇게 바깥으로 시선을 팔리게 하는 근원의 나를 곧장 물어버려야 합니다. 이렇게 나를 물어버릴 때, 우리는 나의 실체가 무너지는 무아의 진리로 성큼 다가서게 됩니다.

통에서 빠져나와야 비로소 통을 굴린다

13
一種不通 兩處失功
일종불통 양처실공

한 가지에 통하지 못하면
양쪽 다 공덕을 잃으리니

여기에서 '일종(一種)'은 숫자로서 하나를 뜻하지 않습니다. 양변, 즉 모든 분별 생사를 뛰어넘은 전체로서의 일원성(一元性)을 뜻합니다. 결코 나뉠 수 없는 전체와 제대로 만나야 비로소 우리는 분별심에 휘둘리지 않습니다. 그러면서 오히려 분별을 제대로 누릴 수 있고 또한 쓸 수도 있습니다.

  이것은 마치 통과도 같습니다. 우리가 몸과 생각이라는 통에 갇혀서 산다면, 실체라는 거대한 통에 의해 굴림을 당하는 것과 같습니다. 하지만 우리가 실체라는 감옥에서 벗어나 무아(無我)의 본원으로 복귀할 수 있다면, 그것은 통으로부터의 해방을 뜻합니다. 통에서 빠져나올 때야 비로소 우리는 통을 굴릴 수 있습니다. 통에서 빠져나오지 못한다면 여전히 통의 움직임에 따라 굴림을 당할 뿐입니다.

그럼 여기에서 '사무생사(四無生死)'를 다뤄보도록 하겠습니다. 사무생사는 불교의 진리라 할 수 있는 생사 없음[無生死]의 도리를 깨닫는 네 단계입니다. 그 첫 번째는 지무생사(知無生死)인데, 이것은 생사 없음의 도리를 이치로 아는 것입니다. 두 번째는 체무생사(體無生死)인데, 생사 없음의 도리를 체화하는 단계입니다. 세 번째는 계무생사(契無生死)인데, 생사 없음의 도리에 완전히 일치하는 것입니다. 그리고 마지막 용무생사(用無生死)는 생사 없음의 도리를 인연과 상황에 맞게끔 자유롭게 운용하는 최종 단계입니다. 깨달음의 차원에서 보자면 체무생사는 안목이 열리는 견성(見性) 단계라 할 수 있으며, 생사 없음의 도리마저도 자유로이 부리는 용무생사에 이르러서야 진정한 깨달음이라고 부를 수 있습니다.

이 사무생사는 걸림 없음이라는 '무애(無碍)'의 네 단계에 순서대로 대입할 수 있습니다. 이는 차례대로 이무애(理無碍), 사무애(事無碍), 이사무애(理事無碍), 사사무애(事事無碍)입니다. 이무애는 이치상 걸림이 없는 것이고, 사무애는 일상 경계에 걸림이 없는 것이며, 이사무애는 이치와 일상 경계가 서로 걸림 없는 것이며, 사사무애는 이사무애마저도 넘어서서 세상에 드러난 모든 경계들이 아무런 걸림 없이 원융하게 운용되는 것입니다.

그렇다면 여기에서 질문해 볼 수 있습니다. 무생사(無生死)란 생사마저도 근원이랄 게 없음을 뜻하는 것인데, 그렇다면 용무생사란 어떻게 근원마저 없는 생사를 부릴 수 있다는 것일까요?

결론적으로 용무생사는 '없는 생사[無生死]'를 부리는 것이 아닙니다. 그것은 '있는 생사[有生死]'를 부리는 것입니다. 용무생사는 이에 앞서 계무생사마저도 이미 체화된 깨달음입니다. 계무생사는 생과 사의 근원마저도 무너진 자리에 완전하게 계합하는 단계입니다. 그렇다면 이것은 단지 생사가 무너지는 것만을 뜻하지 않습니다. 생사가 있고 없음의 유무(有無)마저도 초월하는 것이 바로 계합(契合)의 이치인 까닭입니다. 그렇기에 계무생사에 온전히 이른다면, 생사의 있음과 없음에도 더 이상 구애받지 않습니다. 그렇기에 있는 생사를 부린다 할지라도, 그것은 근원적으로 생사의 근원 없음으로 돌아가게 됩니다. 있음과 없음마저도 흔적을 찾을 수 없을 정도로 원융하게 합쳐져 있으니, 인연에 따라서 있음으로도 혹 없음으로도 자유롭게 부린다 해도 아무런 장애가 없습니다. 그렇기에 용무생사는 '없는 생사'를 부리는 것이 아닙니다. '있는 생사'를 그 어떤 걸림도 없이 자유롭게 부리는 대기대용(大機大用)이 됩니다.

그렇다면 예를 들어보겠습니다. 그 누군가가 문을 '똑똑똑' 노크합니다. 그렇다면 과연 이 소리에는 생사가 있습니까? 혹 없습니까? 이것은 있는 생사입니까, 없는 생사입니까? 이는 지무생사입니까, 아니면 체무생사 혹은 계무생사, 용무생사입니까? 이 '똑똑똑'은 과연 어떤 단계의 소리입니까? 이러한 모든 질문들을 한 번에 아우르면서 다음과 같은 답을 내놓을 수 있습니다.

"예, 들어오세요!"

이것이 용무생사(用無生死), 즉 생사 없음의 도리마저도 생사로써 명백하게 부리는 소식입니다.

진리도 빠지면 병이 된다

14
遣有沒有 從空背空
견유몰유 종공배공

있음을 버리면 있음에 빠지고
공함을 따르면 공함을 등지느니라.

'유(有)'와 '공(空)'은 각기 유위법과 무위법을 뜻합니다. 그렇기에 이 구절은 유위법과 무위법이 실상 모든 존재와 상황에 원융하게 합쳐져 있음을 알지 못하고, 그중의 하나만을 취하려는 태도를 지적한 글귀입니다. 우리가 아무리 있음[有]을 버린다 하여도, 그 있음의 본래 공함을 알지 못한다면 여전히 유위법에서 헤매고 있는 것입니다. 반대로 우리가 아무리 공성을 알았다 해도, 그것이 온갖 유위법의 현상으로 온전하게 드러나 있음을 알지 못한다면 그것은 공에 집착하는 공병(空病)이 됩니다.

그러한 차원에서 『벽암록(碧巖錄)』 제11칙 '황벽주조한(黃檗酒糟漢, 황벽의 지게미 먹는 놈)'에서 언급되는 대중 천자의 예를 들어볼 수 있겠습니다. 대중 천자는 당(唐) 헌종(憲宗)의 두 번째 아들인데, 본래 이름은 선종(宣宗)입니다. 그는 궁궐에서 왕자로 지내다, 정치적 모략과 환란을 피해 향엄지한(香嚴智閑) 선사의 회상으로 가 머리를 깎고 사미가 되었습니다. 후에 대중은 염관(鹽官) 스님 회상에서 서기(書記, 주로 문서 일을 다루는 소임)를 보기도 했습니다. 그런데 마침 그곳에 황벽(黃檗) 스님이 수좌(首座)로 주석하며, 선원 대중들의 수행을 지도하고 있었습니다. 그러던 어느 날, 황벽 스님이 예불하는 모습을 보고 대중이 물었습니다.

"부처에게 집착하지도 말고, 법에도 집착하지 말고, 대중에게도 집착하지 말아야 하는 법인데, 예배를 해서 무엇을 하려고 하십니까?"

"부처에게 집착하지 않으며, 법에도 집착하지 않으며, 대중에게도 집착하지 않으면서, 항상 이처럼 예배를 하느니라."

"예배를 해서 무엇 하려고요?"

황벽 스님이 갑자기 빰따귀를 후려쳤다. 대중이 "몹시 거친 사람이군"이라고 하자, 황벽 스님은 "'여기'에 무엇이 있다고 거칠다느니 가늘다느니 지껄이느냐?"며 또다시 한 차례 빰따귀를 쳤다.

사실 대중은 불법과의 인연이 다분했는지, 어려서부터 제법 남다른 기틀을 보인 적도 있습니다. 황실 출생으로서 똑똑했기에 그는 부처님의 교리도 잘 이해하고 있었을 것입니다. 그렇기에 모든 종류의 고통은 다름아닌 집착에서 비롯된다는 사실을 이미 잘 이해하고 있었습니다. 하지만 문제는 이것이 체득이 아닌 이해 수준이었다는 것입니다. 그러한 까닭에 대중은 '집착하지 않음'에 도리어 집착해버리게 되었던 것입니다.

대중은 예배 같은 의례는 형식의 일이기에 필요 없다고 생각했습니다. 예배를 하는 것은 부처와 깨달음에 집착하는 것이라고 착각하며, 오히려 예배가 필요 없다고 생각한 것입니다. 이런 잘못된 견해로 대중은 황벽 스님에게 왜 예배를 하는지 물은 것입니다.

그러나 이러한 도발적인 물음에도 황벽 스님은 자상했습니다. 부처에게 집착하지 않으며, 법에도 집착하지 않으며, 대중에게도 집착하지 않으면서, "항상 이렇게" 예배를 한다고 일러준 것입니다. 황벽 스님의 대답이 자상하다 한 것은 "항상 이렇게"라는 표현을 썼기 때문입니다. 그러나 대중은 황벽 스님의 "항상 이렇게"를 알아듣지 못했습니다. 그래서 다시금 예배가 필요 없다는 집착으로 끌려들어가 같은 질문을 반복하고야 말았습니다. 그러다 결국 황벽 스님에게 뺨까지 얻어맞게 되는 상황에 이른 것입니다.

    과연 예배는 내실 없는 형식이기에 전혀 필요 없는 것일까요? 그리고 예배를 올린다면 그것은 형식에 집착하는 것일까요? 대중은 집성제(集聖諦)를 알았으되, 이를 단지 머리로 이해했을 뿐입니다. 예배에 집착하지 않으면서, 그렇게 집착을 떠났기에 오히려 예배를 통해서도 진리의 세계에 들어설 수 있음을 알지는 못했던 것입니다.

    "석가모니불~ 석가모니불~"

염불은 단지 형식으로 드러난 예배인 것만이 아닙니다. 만일 우리가 염불을 통한 삼매의 힘을 얻을 수만 있다면, 이 몸은 단순히 육체로만 머물지 않습니다. 그 이유는 몸이 법당(法堂)이기 때문입니다. 법당만 법당인 것만이 아닙니다. 법이 드러나는 그 모든 곳이 사실상 법당입니다. 몸이라는 그릇을 통해, 소리와 소리냄과 소리

들음의 법이 동시에 펼쳐집니다. 그렇기에 우리의 몸은 소리라는 법이 곧장 드러나고, 또한 동시에 펼쳐지는 법당이 되는 것입니다. 염불이라는 울림을 통해 소리라는 법과 나라는 법당이 잘 갖추어질 수만 있다면, "석가모니불"이라는 작은 염불도 몸과 세상을 장엄하게 해주는 거룩한 의식이며 공양이 되는 것입니다. 그렇기에 예배는 단순히 형식에 머물지 않습니다. 나의 몸을 통해 부처님의 법을 소리로 드러내주는 거룩한 증명이 되는 것입니다.

하지만 몸과 생각의 실체에 갇힌 대중은 이러한 도리를 알지 못했습니다. 그래서 황벽 스님에게 뺨따귀를 세 번이나 얻어맞은 것입니다. 하지만 황벽 스님은 단지 대중을 꾸짖기 위해 뺨을 때린 것만은 아닙니다. 대중이 제대로 깨어날 수 있도록, 그렇게 뺨을 때리는 기연을 내보여 준 것이기도 합니다. 만일 대중의 마음 그릇이 더욱 맑고 넓었더라면, "항상 이렇게"라는 말을 했던 황벽 스님의 본뜻과 곧장 만날 수도 있었을 것입니다. 하지만 대중은 그러지 못했습니다.

하지만 차선(次善)으로라도 근기가 갖추어져 있었다면, 황벽 스님에게 뺨을 맞는 인연, 그 촉감의 인연을 통해서라도 곧장 깨달을 수도 있었습니다. 하지만 이 역시 그러지 못했습니다. 그런데도 황벽 스님은 끝까지 자비로웠습니다. 마지막 뺨따귀를 통해 깨달음으로 곧장 들어설 수 있는 촉감의 기연을 다시금 남겨주었지만, 대중은 자신이 뺨을 맞았다는 억울한 생각에 그저 분노할 뿐이었습니다.

이렇게 마음 그릇이 볼품없었던 대중은 훗날 궁궐로 복귀해 황제가 되었습니다. 그리곤 뺨을 맞은 원한을 잊지 못해 황벽 스님에게 '행동이 거친 스님'이라는 뜻의 추행사문(麤行沙門)이라는 호(號)를 내렸습니다. 그러나 황벽 스님을 생불(生佛)처럼 모시던 상국(相國, 정승) 배휴(裵休)가 황제에게 호를 다시 내려달라 간청했습니다. 이에 대중은 황벽 스님에게 단제선사(斷際禪師)라는 호를 내리게 됩니다. 단제(斷際)란 '삼제윤회(三際輪廻)를 끊는다'는 뜻인데, 황벽 스님에게 세 번이나 뺨을 맞는 인연으로 과거·현재·미래의 삼세 윤회가 모조리 끊어진다는 의미였습니다.

이렇게 대중처럼 공(空)함에 빠져버리는 경우를 두고 불가에서는 "공병(空病)에 걸렸다"고 말하기도 합니다. 그리고 이렇게 공병에 걸린 스님을 주인공으로 널리 알려진 이야기가 있습니다.

> 어느 절에 행색이 초라하지만 눈빛이 형형한 한 객승이 들어섰다. 객승은 법당으로 들어왔건만, 부처님께 예경을 올리지도 않고 한 번 쓰윽 쳐다볼 뿐이었다. 그런 뒤 객승은 부처님 앞으로 다가서서 그 자리에서 소변을 보았다. 마침 법회 준비를 하던 노전스님(예불을 집전하는 소임의 스님)은 객승의 이러한 무례한 행동을 보고 대노했다.

"아니 이 무슨 짓이오! 스님이 어찌 감히 법당에서 소변을 본단 말이오!"
이에 객승은 천연덕스럽게 대답했다.
"아니 스님, 스님은 법당 앞에 주련도 못 보셨소? '불신충만어법계(佛身充滿於法界)', 즉 '부처님 몸이 온 법계에 충만해 있다'고 하지 않았소? 그렇다면 여기도 부처님, 저기도 부처님, 그 모두가 부처님인데, 도대체 내가 어디에다 소변을 보아야 한단 말이오?"
이에 노전스님은 말문이 막혀 아무런 대답도 하지 못했다.

그런데 만일 내가 노전스님이라면, 혹 예불을 올리려고 법당에 있던 불자라면, 이 공병에 빠진 스님을 어떻게 대해야 할까요? 어떻게 해야 이 스님을 공병에서 빠져나오게 할 수 있을까요?
만일 제가 노전스님이었다면 이와 같이 했을 것입니다. 우선 객승이 소변을 본 곳으로 가서 마루에 오줌이 다 흡수되기 전, 손에 오줌을 축축하게 잘 묻힐 것입니다. 그리고 그 객승에게 다가가 오줌이 잔뜩 묻은 손으로 뺨을 어루만지며 이렇게 말해줄 것입니다.
"아이고, 스님! 스님은 얼마나 공부를 잘하시길래 이렇게 기특한 소리를 하시오~ 참말로 장하오~ 부럽소~! 나는 스님 발톱에 낀 때만치도 공부를 못 따라가는데, 스님은 어찌 이렇게 공부를 잘한다 말이오~!"
그러면서 오줌 묻은 손으로 뺨도 어루만져주고, 코도 주무르고, 입술에도 촉촉하게 오줌을 묻혀 주면 됩니다. 그러면 객승은 짭조름한 오줌 맛에 화들짝 놀라 뒷걸음질 치며 도망가려 할 것입니다. 그러할 때 객승의 말을 그대로 되돌려주면 됩니다.

"아니, 불신충만어법계(佛身充滿於法界), 여기도 부처님, 저기도 부처님인데, 내가 이 오줌을 도대체 어디에다 닦아야 한단 말이오?"

비록 경우가 다를지언정, 선원에서 정진하다 보면 간혹 공병에 빠진 수좌를 보기도 합니다. 좋게 보자면, 나름대로 공부하며 애쓰다 보니, 저렇게 공(空) 경계를 쓰윽 체험한 것이기도 합니다. 하지만 대부분 공병에 빠진 납자들은 같은 모순에 빠져 있습니다. 그것은 바로 스스로 공(空)이 되지 못했다는 것입니다. 세상의 모든 존재며 현상이 실체 없는 것이고, 환영이고, 텅 비어 있다고 말해도, 자기 스스로 공이 되지는 못한 것입니다. 그렇게 자신 하나만 남겨두고, 나머지 모두를 공으로 만들어버리는 모순에 빠져버린 것입니다.

객승은 공(空)이라는 일시적 체험에 자기의 상(相)을 덧붙여 버렸습니다. 이 공은 내가 얻은 고결한 깨달음이고, 이제부터는 어떤 행동이나 의미에도 걸리지 않는 대자유인이 되었다고 착각한 것입니다. 그러나 객승은 간과했습니다. 자신마저도 그렇게 철저한 공이 되었다면, 오줌을 묻힌다고 해서 도망가지는 않았을 것이기 때문입니다. 그것은 미진하게 스쳐간 공이었습니다. 온몸으로, 그렇게 세상 전체로 체화된 공은 아니었던 것입니다.

고수에겐 놀이터, 하수에겐 생지옥

15
多言多慮 轉不相應
다언다려 전불상응

말이 많고 생각이 많으면
더욱더 상응치 못함이요

16
絶言絶慮 無處不通
절언절려 무처불통

말이 끊어지고 생각이 끊어지면
통하지 않는 곳 없느니라.

말과 생각이 많으면 진리와 제대로 만나지 못합니다. 말과 생각이 진리의 세계로 도달함에 장애가 되기 때문입니다. 그렇다고 말과 생각에 모든 허물을 뒤집어씌우지는 못합니다. 왜냐하면 말과 생각이란 것도 사실상 외연으로 드러난 결과이기 때문입니다. 말과 생각의 근원에는 내가 있습니다. 내가 실체로서 있다는 관념 때문에, 말과 생각도 동시에 실체로서 기능하게 됩니다. 나의 존재감과 생각은 이렇듯 같은 무게감을 지닙니다. 그렇기에 내가 실체성을 잃어버린다면, 말과 생각 역시 실체성을 잃어버립니다. 그러할 때 말과 생각은 인연에 알맞게 드러납니다. 이렇듯 자연스러운 드러남이 될 때, 말과 생각에는 아무런 문제가 없습니다.

그렇다면 우리는 왜 수행하면서 말을 아끼고 생각을 가라앉히는 과정을 거치게 되는 것일까요? 그것은 말을 적게 하고 생각을 가라앉히는 연습을 통해 선정에 가까이 다가설 수 있기 때문입니다. 고금의 성현들이 그토록 말과 생각을 아끼며 선정을 익혔던 이유는 눈앞이라는 이 거대한 선정과 온전히 계합하기 위한 준비였던 것입니다.

눈앞이 진실로 그러합니다. 눈앞은 말과 생각이 아닙니다. 그러나 말과 생각을 잘 드러내줍니다. 잘 드러내주기 위해서는 잘 비어 있어야 합니다. 언제나 고요하게 잘 비어 있기에 모든 말과 생각을 인연에 맞게끔 잘 드러내줄 수 있는 것입니다. 이것이 눈앞의 비어 있음이란 속성이며, 드러내줌의 공덕입니다. 우리가 선정 수행을 하는 이유는 좀 더 오랜 시간 선정에 머물기 위함이 아닙니다. 다만 눈앞이라는 진정한 선정에 들어서기 위한 연습일 뿐입니다.

나라는 실체를 두고 선정에 드는 것은 진정한 선정이 아닙니다. 그것은 출입(出入)이 있는 작은 의미로서의 소정(小定)입니다. 그러나 진정한 의미의 선정에는 출입이 없고 생멸 또한 없습니다. 부처님은 이렇듯 생멸마저도 공적해진 선정에 항상 들어가 있었는데, 이를 나가대정(那伽大定)이라고 부릅니다. 나가(那伽)는 산스크리트어로 용(龍)을 뜻하는 'नाग(nāga)'를 음역한 말이고, 대정(大定)은 말 그대로 큰 삼매입니다. 유위법으로 조작하여 출입과 생멸이 있는 소정(小定)과 달리, 출입과 생멸마저도 사라졌기에 대정(大定)이라 칭하는 것입니다. 그리고 나가대정은 용과 같은 출중한 근기의 수행자가 들어선 삼매라 하여, 용삼매(龍三昧)라고 부르기도 합니다.

들어갈 수도 그렇다고 나올 수도 없는 그런 삼매이어야지 진정한 삼매입니다. 또한 얻을 수도 그렇다고 잃을 수도 없는 그런 선정이어야지 진정한 선정입니다. 그렇기에 진정한 의미로서의 선정은 이미 얻은 것이어야 하고, 본래 들어가 있는 것이어야만 합니다. 그렇기에 수많은 조사 선지식들은 이 비밀스러운 삼매를 두고 목전(目前)이라고 누설해 왔던 것입니다.

목전, 곧 '눈앞'입니다.

우리가 눈앞으로서의 완전무결한 선정에 들어선다면, 그때부터는 모든 것이 진리로 통하게 됩니다. 보고 듣고 느끼고 생각하는 그 모두가 번뇌인 것은 아닙니다. 나를 실체로 두기에, 여러 경계들이 번뇌로 변질된 것입니다. 하지만 눈앞으로 들어설 수만 있다면, 보고 듣고 느끼고 생각하는 그 모두가 나라는 법당을 통해서 완연하게 펼쳐지는 법의 일, 즉 진실함과 온전함의 일들로 바뀌게 됩니다. 그러기 위해서 다만 나라는 작은 중심에서, 중심이 없는 중심으로서, 그렇게 눈앞으로서 안목이 확장되어야 합니다. 그러할 때 모든 대상과 경계와 세상은 바뀌는 바 하나도 없이, 그 모두가 완전히 바뀌어 버리는 것입니다.

바둑이라는 판에서 기사는 돌 놓는 자리를 선택하며 자기만의 세계를 구축해 갑니다. 마찬가지로 우리는 세상이라는 판에서 수많은 상황에서 선택을 해가며 자신만의 세계를 만들어갑니다. 바둑판이든 세상판이든 고정된 의미나 관점으로서의 판은 존재하지 않습니다. 활연히 열린 눈앞에서, 세상에 대해 고정된 의미란 없습니다. 다만 자신이 놓은 수에 따라 바둑판의 형세가 달라지듯, 자신이 한 선택에 따라 세계는 각기 다른 모습과 상태로 존재하는 것입니다. 이것이 '무유정법(無有定法)', 즉 '정해질 수 있는 법이란 존재하지 않는다'는 진리입니다. 그렇기에 특정한 의미로 정해질 바 없는 세상에 대해, 한 바둑 영화에서 맹인 기사는 이러한 명언을 남겼습니다.

"이 세상이 고수에겐 놀이터요, 하수에겐 생지옥 아니던가."

다만 안목의 문제입니다. 내가 눈앞으로서 투명하게 열린 안목을 갖춘다면, 세상은 진실함과 온전함이 깃든 불국토가 됩니다. 이와 반대로 나라는 실체에 갇혀 버린다면, 세상은 온갖 고통과 부조리가 가득한 사바세계가 됩니다. 다르지만 같은 세계입니다. 같지만 다른 세계입니다. 사람의 안목에 따라 분명히 다른 세계가, 그렇게 동시에 펼쳐지고 있는 것입니다.

나로부터 벗어나 눈앞으로 존재할 수 있다면, 세상은 나라는 인연과 함께 온갖 경계들을 자유롭게 부리는 놀이터가 됩니다. 하지만 나로서 갇혀 산다면, 세상은 내가 만들어낸 경계들에 의해 도리어 내가 부림을 당하는 생지옥이 되는 것입니다.

천 개의 달을 단번에 얻는다

17
歸根得旨 隨照失宗
귀근득지 수조실종

근본으로 돌아가면 뜻을 얻고
비춤을 따르면 종취를 잃나니

유위법으로서 드러난 형상과 의미를 따르면 무위법으로서의 근본을 잃게 됩니다. 이러한 근본의 무위법이 바로 눈앞입니다. 하지만 우리가 눈앞이라는 근본으로 돌아올 수 있다면 모든 경계들이 진정한 뜻으로서 발현될 수 있습니다.

『벽암록(碧巖錄)』제19칙 '구지일지(俱胝一指, 구지의 한 손가락)'에는 다음과 같은 내용이 소개됩니다.

구지 스님은 무주(婺州) 금화(金華) 사람이다. 처음 암자에 주석하고 있을 때, 실제(實際)라는 한 비구니가 구지 스님의 암자에 이르러 곧바로 들어오더니, 삿갓도 벗지 않고 지팡이를 든 채로 선상(禪牀)을 세 바퀴 돌면서 말했다.
"말할 수 있다면 삿갓을 벗겠소."
이처럼 세 차례 질문했으나 구지 스님은 아무런 대답이 없었다. 이에 비구니가 떠나가려 하자 구지 스님은 말했다.
"날이 어두워지니 하룻밤 머물도록 하라."
"말할 수 있다면 하룻밤 쉬어가지요."
구지 스님이 또다시 아무런 대답이 없자 비구니는 바로 떠나버리니, 구지 스님은 탄식했다.
"나는 장부의 모습을 가지고서도 장부의 기상이 없구나."
마침내 분발하여 '이 일'을 밝히고자 암자를 버리고 여러 총림의 선지식을 참방하여 법문을 청하려고 (신변을) 정리하여 행각을 하리라고 다짐하였는데, 그날 밤 꿈에 산신(山神)이 나타나 그에게 고하였다.

"이곳을 떠날 필요가 없다. 내일 육신보살(肉身菩薩)이 찾아와서 스님을 위하여 설법하실 것이니, 부디 떠나지 마시오."

과연 천룡(天龍) 스님이 그 이튿날 암자에 이르렀다. 구지 스님이 예를 갖추어 맞이하고 전에 있었던 일들을 빠짐없이 말하였다. 천룡 스님이 한 손가락을 세워 그에게 보여주자, 구지 스님은 갑자기 완전히 깨쳤다. 이는 당시 그가 정중하고 한결같이 참구(專注)했기 때문에 통의 밑바닥이 쉽게 빠진 것이다. 그 후로는 묻기만 하면 오직 손가락을 세워보일 뿐이었다.

또『무문관(無門關)』제3칙 '구지수지(俱胝豎指, 구지가 손가락을 세우다)'에는 다음과 같은 본칙 내용이 소개됩니다.

구지 스님은 질문을 받을 때마다 다만 하나의 손가락을 들 뿐이었다. 뒷날 한 동자를 데리고 암자에 기거했는데, 구지 스님이 출타한 사이 한 객승이 찾아와 동자에게 물었다.

"구지 스님은 평소에 어떤 법을 말씀하시느냐?"

그러자 동자는 손가락을 세웠다. 나중에 암자로 돌아온 구지 스님은 동자의 이야기를 듣고는 칼을 가져와 동자의 손가락을 잘라버렸다. 이에 동자는 울면서 도망갔는데, 구지 스님이 다시 동자를 불러세웠다. 동자가 고개를 돌리자 구지 스님은 손가락을 세웠다. 이에 동자가 문득 깨달았다.

구지 스님이 나중에 세상을 떠날 때가 되어 대중에게 말했다.
"나는 천룡 스님에게서 한 손가락 선(禪)을 얻어서 평생을 누리고도 다 누리지 못하였다."
이러한 말을 마치고 구지 스님은 입적했다.

구지 스님은 손가락을 세우는 말 없는 법문으로 유명합니다. 그러나 무문 스님은 말합니다. 구지 스님이나 동자가 깨달은 곳은 결코 손가락에 있지 않다고 말입니다. 깨달음이 어딘가에 무언가 특정한 방식과 모습으로 존재한다면, 그것은 결코 깨달음이 될 수 없습니다. 깨달음이 시간과 장소, 모양과 의미로 한정된다면 그것은 진정한 깨달음이 될 수 없기 때문입니다. 진정한 깨달음이라고 한다면 어딘가도 아니고, 무엇도 아니며, 특정할 수도 없고, 모습과 존재도 아닌 '그 무엇'이어야 합니다. 이러한 '그 무엇'을 굳이 이름하여 '눈앞'이라고 부르는 것입니다.

이러한 눈앞을 다른 용어로 표현하자면, '곧장'이라 부를 수도 있습니다. 구지 스님이나 동자가 깨달은 곳은 손가락이 아닌 '곧장'에 있습니다. 천룡 스님은 곧장 손가락을 들어 보였고, 구지 스님은 천룡 스님의 손가락을 곧장 보았습니다. 마찬가지로 구지 스님은 동자에게 손가락을 곧장 들어 보였으며, 동자 또한 구지 스님의 손가락을 곧장 보았습니다. 그뿐만 아닙니다. 구지 스님은 동자의 손가락을 곧장 잘랐으며, 울면서 도망가는 동자를 곧장 불렀고, 이에 동자는 곧장 고개를 돌렸습니다. 그 모두가 눈앞의 일이기도 했지만, 또한 곧장의 일이었습니다. 또한 이는 신기한 일입니다. 천룡 스님과 구지 스님, 동자의 이야기며 상황은 천 년 전 중국에서 벌어진 일입니다. 하지만 지금 우리의 눈앞에서 이들의 모습이며 이야기가 곧장 생생하게 펼쳐지고 있습니다.

『증도가(證道歌)』에는 다음과 같은 구절이 나옵니다.

일월보현일체수(日月普現一切水)
일체수월일월섭(一切水月一月攝)

한 달이 모든 물에 두루 나타나고
모든 물의 달을 한 달이 포섭하도다.

여기에서 하나의 달은 궁극의 진리로서의 법신(法身)을 상징합니다. 비록 달로 비유되기는 했지만 사실 법신에는 모양이나 한계가 없습니다. 그러나 모든 인연에 상응하여 나타나고, 또 드러난 인연들을 모두 포섭하는 근원이 됩니다. 그렇기에 달로 비유된 법신에는 모양이나 소리, 의미와 같은 한계가 있을 수 없습니다. 그러한 한계를 지닌다면 모든 모양과 소리, 의미를 끌어안으며 포섭할 수 없기 때문입니다.

이 하나의 달이 바로 '눈앞'이자 '곧장'입니다. 그리고 눈앞과 곧장이 무시(無始) 이래 본래부터 있어왔던 '그 무엇'입니다. 이러한 눈앞과 곧장은 어떤 모양이나 소리, 의미로 규정되지 않습니다. 오히려 모든 모양과 소리, 의미를 아무런 걸림 없이 드러내주는 것이 바로 눈앞과 곧장입니다. 눈앞과 곧장에 제약과 한계가 없는 까닭에 모든 경계들을 하나로 꿸 수 있습니다. 하지만 꿴다는 말도 틀렸습니다. 꿰지 않으면서도 모두를 있는 그대로 드러내주는 것, 이것이 눈앞과 곧장의 무한한 역량이고 끝날 일 없는 공덕입니다.

이처럼 눈앞이라는 근본으로 돌아가면 모두를 얻게 됩니다. 나를 포함하여, 대상과 경계, 세상 모두를 얻을 수 있습니다. 하지만 눈앞이 비추는 그 어떤 하나의 모양과 소리를 따르게 된다면, 그 하나마저도 제대로 얻거나 지킬 수도 없습니다.

근원으로 돌아가면 일체를 비춰 낸다

18
須臾返照 勝却前空
수유반조 승각전공

잠깐 사이에 돌이켜 비춰 보면
앞의 공함보다 뛰어남이라.

반조(反照)는 근원의 눈앞으로 돌아가 일체의 현상들을 잘 지켜보는 것입니다. 이는 공의 도리를 단지 알거나 경험하는 수준이 아니라, 자신의 삶으로서 온전히 체득한 후의 일입니다. 만일 이럴 수만 있다면 앞의 공(空), 즉 개념이나 이치로 헤아린 공성(空性)보다 훨씬 뛰어납니다.

법당에서 소변을 본 스님이 공(空)의 소식을 전혀 모르는 것은 아닙니다. 다만 이 공에 나의 상(相)을 덧대다 보니, 이런저런 실수와 착오들이 생겨난 것입니다. 그렇기에 이는 온전하게 체화된 공이 아닙니다. 만일 우리가 공의 도리를 체화했다면, 결코 공을 붙들지 않습니다. 공에 머무른다면 그것은 진정한 공이 아니기 때문입니다.

반조(反照)라는 말이 있듯이, 우리가 근원으로 곧장 돌아간다면[反] 돌아가는 것만 있는 게 아닙니다. 그와 동시에 비춰냄[照]이라는 작용까지 동시에 벌어지게 되는 것입니다. 그러할 때 근원으로 돌아감과 낱낱의 비춤은 동시의 일이자, 곧장의 일이며, 하나의 일이 됩니다. 진공(眞空)의 이치와 제대로 계합된다면, 그것은 동시에 묘유(妙有)인 도리를 드러내는 것입니다.

이렇듯 진공과 묘유는 따로 떨어져 있지 않습니다. 반드시 하나로 묶여 있습니다. 그것은 곧 공(空)과 유(有)가 하나의 일이자 동시의 일이라는 것이며, 결코 선후나 비중이 다른 두 가지의 일일 수가 없다는 것을 뜻합니다.

흙덩이를 쫓지 말고 사람을 물어라

19
前空轉變 皆由妄見
전공전변 개유망견

앞의 공함이 전변함은
모두 망견 때문이니

눈앞이라는 진정한 공은 무엇으로 변하거나 바뀌지 않습니다. 모든 형상, 소리, 개념, 존재는 바뀔 수 있을지언정, 눈앞은 항상합니다. 바뀌고 변하는 것은 모두 내용물입니다. 이러한 내용물을 의지하고 따라가는 것은 마치 사람이 사방팔방으로 던진 흙덩이를 부지런히 쫓아다니는 개의 모습과 다를 바 없습니다.

그렇기에 곧장 사람을 물어야 합니다. 그리고 그 사람은 바로 나입니다. 내가 모든 내용물을 만들어내는 근원이기 때문입니다. 나는 그렇게 흙덩이를 이곳저곳으로 던지면서 자신을 향한 반조며 성찰의 시선을 흐트러뜨립니다. 하지만 진실하고 용감한 수행자는 이에 속지 않습니다. 사방팔방으로 흩어지는 흙덩이에 속지 않고 그의 시선은 곧장 나로 향해 있습니다. 그렇게 모든 망견의 근원인 아상(我相)을 무너뜨리며, 용맹하게 진리의 세계로 향하는 그 사람이 바로 사자와 같은 수행자입니다.

삶은 처음부터 완벽했다

20
不用求眞 唯須息見
불용구진 유수식견

참됨을 구하려 하지 말고
오직 망령된 견해만 쉴지니라.

우리가 수행을 하는 보편의 이유는 깨달음을 얻기 위해서입니다. 이를 달리 표현하자면 진리의 세계로 들어가기 위해서라고 할 수도 있습니다. 이와 더불어 영원한 자유를 누리는 것, 이것이 모든 수행과 깨달음의 궁극적인 목적입니다.

그러나 의문스럽습니다. 과연 진리를 노력으로 구할 수 있을까요? 노력으로 구하고 얻을 수 있다면 그것이 과연 진정한 진리일까요? 또 얻을 수 있는 진리라면 과연 합당할까요? 얻었다는 것은 그와 반대로 잃을 수도 있다는 것인데, 이렇게 잃고 얻음의 상황이 바뀔 수 있다면 그것이 진정한 진리일까요?

그래서입니다. 진정한 진리를 얻을 수도 없고, 또한 잃을 수도 없어야 합니다. 애초부터 가질 수도 없고 버릴 수도 없으며, 다가갈 수도 없고 떨어질 수도 없는 '그 어떤 것'이어야 합니다. 그래서 '눈앞'입니다.

그러나 홀연히 무명업식에 휩싸여버린 중생의 입장에서 눈앞과 온전히 계합하기란 쉽지 않습니다. 그래서 우리는 수행이라는 것을 합니다. 그리고 이 구절은 이러한 수행의 방향성을 아주 명확하게 제시해 주고 있습니다. 수행이란 오직 망령된 견해만 쉴 뿐입니다. 좀 더 근원적으로 망령된 견해의 중심에 있는 나라는 커다란 착각 하나만 걷어내면 될 뿐입니다. 그렇기에 부처님의 근본 깨달음은 너무나도 명확한 한 단어, 바로 무아(無我)입니다. 즉 고정된 실체로서의 자아란 없는 것입니다.

그렇기에 다만 나라는 망령된 견해와 착각만 걷어낼 뿐입니다. 진실을 가리는 미혹의 구름만 걷어낼 뿐입니다. 이것 이외의 다른 방향성이란 없습니다. 그럴 수만 있다면 우리는 본래부터 환히 빛나는 태양을 맞이할 수 있습니다. 이 빛을 얻기 위해 별다른 노력이 필요한 것이 아닙니다. 구름만 걷어내면 곧장 빛이기 때문입니다. 그리고 이 빛을 달리 이름하여 눈앞이라고 부릅니다. 우리가 나라는 실체성과 중심성을 벗어날 수만 있다면, 우리가 그토록 찾고자 했던 진리의 빛은 언제나처럼 똑같이 눈앞으로 있었다는 사실을 완연히 깨닫는 것입니다. 그러할 때 비로소 우리는 알게 됩니다. 삶은 처음부터 이처럼 완성되어 있었다는 사실을 말입니다. 그리고 이것은 우리가 그토록 오랫동안 익숙하게 들어왔던 말이기도 합니다.

본래성불(本來成佛). 모든 존재와 상황은 이토록 처음부터 부처로서, 또한 진리로서 완성되어 있습니다.

무분별의 마음이 진정한 사랑이다

21
二見不住 愼莫追尋
이견부주 신막추심

두 견해에 머물지 말고
삼가 좇아가 찾지 말라.

이견(二見)은 분별심에 따른 양쪽의 견해입니다. 둘로 나뉘었다면 어느 것에도 머물지 말고, 또 어느 하나도 따르지 말아야 합니다. 왜냐하면 하나를 선택하면 결국 나머지 하나를 등지기 때문입니다. 그렇기에 생사의 분별심을 따르면 종국엔 고통이라는 결과만이 남게 됩니다.

한 선배스님의 이야기입니다. 스님이 언젠가 지하철을 기다리다 여자아이와 엄마를 보게 되었다고 합니다. 그런데 여자아이가 스님의 모습을 처음 보았는지, 고개도 돌리지 않고 빤히 쳐다보았습니다. 그러다 궁금해졌는지 엄마에게 이렇게 물었습니다.
"엄마, 저 아저씨 누구야?"
이에 당황한 엄마는 스님을 힐끗 쳐다보고는 아이에게 다그치듯 말했습니다.
"안 돼! 쳐다보지 마!"
마침 그날은 일요일 아침이었습니다. 그리고 엄마는 손에 성경책을 들고 있었습니다. 상황이 이러함에도, 호기(豪氣)가 있던 선배스님은 아이 앞으로 다가가 이렇게 이야기했습니다.
"애기야, 예수님은 모두를 사랑하라고 가르치셨단다. 그런데 너희 엄마는 교회 다니면서 사람을 사랑하는 것보다 미워하는 것을 더 많이 배우신 것 같구나."

형식으로야 여자아이에게 한 말이지만, 물론 엄마 들으라고 한 소리였습니다. 이후 지하철을 기다리며 잠시 서먹서먹한 시간이 흘렀습니다. 그런 어색한 시간이 흐르고, 엄마가 용기를 내어 스님 앞으로 다가왔습니다. 그리고 어렵게 말을 꺼내 들었습니다.

"스님, 제가 말실수를 한 것 같습니다. 용서해주십시오."

분별심에 근원을 둔 사랑은 특정 대상이나 상황을 좋아하게 됩니다. 하지만 분별에 근거해 생겨난 사랑이기에, 동시에 미움도 생겨납니다. 그렇기에 자신이 선호하지 않는 다른 대상이나 상황을 미워할 수도 있습니다. 엄마는 교회를 다니며 예수님의 사랑에 대한 가르침을 배웠을 것입니다. 하지만 아직은 마음의 분별심이 강한 탓에, 모두에 대한 온전한 사랑에는 이르지 못했던 듯합니다. 그래서 위의 이야기처럼 말실수를 저질렀습니다. 그러나 다행입니다. 자신의 잘못과 실수를 빨리 알아차리고 스님에게 용서를 구했기 때문입니다. 그래서 더욱 불편해질 수 있는 상황을 모면할 수는 있었습니다.

분별은 가룹니다. 그렇기에 분별하는 마음을 키울수록, 마음을 온전히 쓸 수 있는 여지는 더욱 좁아집니다. 이와 반대로 분별하지 않으면 우리의 마음은 모두를 감쌀 수 있습니다. 이런 마음을 이룰 적에야 비로소 대상이나 상황을 가르지 않고, 시비나 애증에도 휘둘리지 않으며, 있는 그대로를 인정하고 아껴줄 수 있는 것입니다. 이것이 무분별의 마음이고 진정한 사랑입니다.

봄은 이미 매화 가지에 걸려 있네

22
纔有是非 紛然失心
재유시비 분연실심

잠깐이라도 시비를 일으키면
어지러이 본마음을 잃으리라.

나라는 실체를 두고 "이것이 옳다" 혹 "저것이 그르다"라는 식으로 시비하게 되면 우리는 그만 그 문제에 쏙 빨려 들어갑니다. 이는 바깥의 대상으로 치닫는 마음입니다. 그럴수록 우리는 자신의 본래의 마음, 즉 눈앞의 텅 빈 자리를 잃게 됩니다.

그러한 차원에서 화에 대해 말해보도록 하겠습니다. 화는 불의 속성을 지니고 있습니다. 그렇기에 우리는 화에 대해 "불같이 화를 낸다"는 표현을 자연스럽게 쓰게 됩니다. 화는 불처럼 타올라 감정, 생각, 대상 모두를 태웁니다. 그렇기에 우리는 화에 빠져들수록, 눈앞이라는 본래 자리를 떠나게 됩니다. 그러나 우리가 선정을 잘 익혀 눈앞의 자리를 맑게만 지킬 수 있다면, 이전처럼 화에 휩쓸리거나 불같이 열을 내지만은 않습니다. 때에 따라서 화가 청명하게 드러나는 경우도 있습니다.

십수 년 전 학인 시절 때였습니다. 당시 동화사 금당선원에서 기라성 같은 수좌스님들과 안거를 나고 있었습니다. 그러다 어느 날엔가 같은 소임을 보던 선배스님과 모종의 일로 언쟁이 벌어졌습니다. 말다툼하며 감정의 골이 깊어지다, 그만 선배스님께 소리를 치고야 말았습니다.
"그럼 스님 마음대로 하십시오!"
그런데 기묘한 일이었습니다. "스님 마음대로 하십시오!"라는 소리가 명징한 울림으로 저의 온몸을 흔들면서, 허공 세상이 투명하게 열려버렸습니다.

'이건 도대체 뭐지….'

조금 전의 언쟁으로 인해 불같이 치밀어오른 화는 온데간데 없이 사라져버렸습니다. 그러면서 "스님 마음대로 하십시오!"라는 그 청명한 울림만이 허공 속에서 공적한 여운을 남기며 사라져 가고 있었습니다. 어쩌다 또다시 이렇게 찾아온 경계에 저는 한동안 넋을 놓고 텅 빈 하늘을 쳐다볼 뿐이었습니다.

일은 그렇게 벌어졌습니다. 하지만 왜 이러한 일이 벌어졌는지를 알지 못했습니다. 그렇습니다. 일은 이미 벌어졌지만, 그 의미가 나중에 새겨지는 경우도 더러 있습니다. 당시에는 몰랐지만, 수행이 익어가며 눈앞이 점차로 다져지는 시기였던 것입니다.

일반적으로 화는 내가 내는 것입니다. 하지만 이 '나'라는 중심과 실체에서 잘 벗어난다면 화는 '내가 내는 것'만이 아니라, 동시에 '눈앞에서 온전히 드러나는 것'이기도 합니다. 이렇게 화가 드러나는 것은 나라는 실체의 밀도가 떨어지면서 벌어지는 현상입니다. 그러할 적에 화는 본래 마음을 불태우는 속성으로서의 힘을 잃어버리고, 드러남의 속성으로 변화해 갑니다. 그럼으로써 불처럼 타오르는 화가 아닌, 맑고도 투명한 화가 나올 수도 있는 것입니다.

과거의 성현들은 '나'에 집착하지 않았기에, 이처럼 맑고도 투명한 화를 상대방의 인연에 맞게끔 쓸 수 있었습니다. 그렇기에 화는 내는 것만이 아닙니다. 화는 쓰는 것입니다. 나에게 묶이지 않는다면, 우리는 화에 부림을 당하지 않고, 인연에 맞게끔 화마저도 잘 부릴 수 있습니다.

그러나 이처럼 생각과 감정에 끌려들어가지 않는 것은 결코 수월한 일이 아닙니다. 그 이유는 우리가 '나'라는 실체에 너무 강하게 묶여 있기 때문입니다. 그러나 '나'를 향한 속박의 힘을 덜고, 눈앞으로의 힘을 키워간다면 소리나 모양, 의미와 같은 내용도 그 힘과 비중을 덜게 됩니다. 그러면서 드러남이 더욱 큰 비중을 차지하게 됩니다. 즉 다양한 경계로 펼쳐지는 삶의 내용물에 대한 해석과 의미 부여보다, 드러남의 명징함이 더욱 큰 힘을 발휘하며 나타나는 것입니다.

이것이 정진과 선정의 힘입니다. 그러나 이것은 억지로 의미 부여를 하지 않겠다는 유위가 아닙니다. 드러난 존재와 상황을 있는 그대로 보고, 또 있는 그대로 들을 수 있는 안목과 여유가 정진과 선정을 통해서 커지는 것입니다. 그렇기에 우리는 눈앞을 곧장 만나야 하는 것입니다.

그러나 아이러니한 일입니다. 우리는 언제나, 항상 이처럼 눈앞을 만나고 있었기 때문입니다. 그런데도 눈앞을 제대로 만나지 못하는 이유는 하나입니다. 바로 '나' 때문입니다. 나라는 중심과 실체 때문에, 우리의 온갖 시선은 바깥 대상과 경계로 향해 버리며 동분서주하게 된 것입니다. 그러다 나라는 실체가 무너지게 된다면, 눈앞은 본래 있었던 그대로의 진리를 우리에게 안겨줍니다. 이러한 눈앞의 깨달음을 얻게 된 한 비구니 스님은 다음과 같은 멋진 게송을 남겨주기도 했습니다.

    진일심춘불견춘(盡日尋春不見春)
    망혜답편롱두운(芒鞋踏遍隴頭雲)
    귀래소념매화후(歸來笑拈梅花嗅)
    춘재지두이십분(春在枝頭已十分)

    종일 봄을 찾아다녔건만 봄은 보지 못하고
    짚신이 닳도록 언덕 위 구름만 밟고 다녔네.
    돌아와 뜰 안의 웃고 있는 매화 향기 맡으니
    봄은 매화 가지에 이미 무르익고 있었네.

우리는 이미 봄과 같은 진리의 소식을 매일같이 눈앞으로 만나고 있습니다. 하지만 나라는 존재에 대한 착각과 실체화, 집착 때문에 본래 있는 눈앞과 제대로 밀도 깊게 만나지 못하고 있습니다. 그런 눈앞으로 도달하기 위해 달리 특별한 방법이 필요한 것은 아닙니다. 다만 나라는 망령된 견해만 쉴 뿐입니다.

    그럴 수만 있다면, 우리는 잃어버린 적도 없던 눈앞에 온전히 도달하게 됩니다. 그렇기에 선문(禪門)에는 이러한 말이 있기도 합니다.

"한 발짝 나서기도 전에 이미 도달하였도다."

지킬 수 있다면, 진리가 아니다

23
二由一有 一亦莫守
이유일유 일역막수

둘은 하나로 말미암아 있음이니
하나마저도 지키지 말라.

둘은 나를 실체화하면서 생기게 된 분별심의 양쪽 견해로서 이법(二法)입니다. 하지만 우리가 이러한 변견(邊見)을 벗어나면서, 중도(中道)나 일심(一心), 혹 눈앞을 지켜야 한다고 생각한다면 그것 역시 크나큰 착각입니다. 왜냐하면 이 하나는 숫자로서의 하나를 뜻하는 것이 아니라, 모든 분별과 차별이 원융하게 합쳐져 있음을 뜻하는 의미로서 하나이기 때문입니다.

나라는 실체에 근거를 둔 상태에서 생겨나는 다양한 시비심과 증애심이 멈추게 되면, 이제부터는 다양한 생각과 감정으로서 진실함이나 온전함이 드러나게 됩니다. 이러한 진실함이나 온전함을 굳이 용어로 표현하면, 일심(一心) 혹은 중도(中道)라 일컫는 것입니다. 진실함이나 온전함은 모든 대립과 차별이 해소된 본래의 원융자재함을 상징하는 것이지, 지킬 수 있는 대상이나 상태가 아닙니다.

그런데도 이런 하나의 진리가 지켜야 할 대상이나 상태로 인식된다면 그것은 모든 이분법이 완전하게 해소되지 않았음을 뜻합니다. 그리고 무엇보다도 무언가를 지켜야 한다는 인식이 남아있다는 것은 실체로서의 내가 완전하게 무너지지 않았음을 보여줍니다. 진리는 결코 지킬 수 있는 그 무언가가 아닙니다. 마찬가지로 가둘 수도 없으며, 얻거나 잃을 수도 없는 본래의 완전함입니다. 그런데도 아직도 무엇인가가 남아 있다면, 그것은 바로 나에 대한 미련한 집착일 것입니다.

백 척 장대 끝에서 뛰어내려라

24
一心不生 萬法無咎
일심불생 만법무구

한 마음이 나지 않으면
만법이 허물없느니라.

일심(一心)은 모든 차별심과 생사심이 완전히 사라진 중도(中道)이자 깨달음입니다. 그러나 이러한 중도나 깨달음마저도 특별한 경지로 인식하려 한다거나, 이를 붙들려고 한다면 그것은 완벽한 깨달음이라 할 수 없습니다. 깨달음이라는 상(相)이나 흔적마저도 완전하게 사라질 적에야 비로소 만법이 자유자재로 살아나는 사사무애(事事無碍)의 경지로 들어서기 때문입니다. 그렇기에 고인은 이렇게 말했습니다.

"백척간두에서 한 걸음 더 나아가라[百尺竿頭進一步]."

백척간두(百尺竿頭)는 드높은 경지를 상징합니다. 그 높은 곳에서는 일체의 만법들이 막힘없이 훤히 보입니다. 그렇게 더 이상 도달할 바 없는 최상에 올라선 것입니다. 하지만 백척간두에도 하나의 문제가 있습니다. 아이러니하게도 하필이면 그 자리가 백척간두라는 사실입니다. 백척간두가 아무리 드높은 깨달음의 경지라 해도, 장대라는 조건에 의지했기에 완전해지지 못했습니다. 이것이야말로 백척간두에 남아 있는 유일한 흠이었습니다.

그렇기에 완전한 진리와 깨달음으로 거듭나기 위해서 마지막으로 해야 할 일은, 그 장대 끝에서 한 걸음 앞으로 나아가는 일입니다. 그런 드높은 경지며 명칭마저도 완벽하게 사라졌을 적에야 비로소 흔적마저도 사라진 완벽한 깨달음으로 들어설 수 있기 때문입니다. 그러나 완벽한 깨달음이라는 말도 틀렸습니다. 말로써 완벽한 깨달음이라고 지칭해버렸기 때문입니다. 완벽한 깨달음은 결코 완벽한 깨달음이 될 수 없습니다. 다만 그 이름이 완벽한 깨달음일 뿐입니다. 그런 일말의 자취마저도 완전히 사라져야 하는 것입니다. 이러한 백척간두진일보와 관련해 두 선사의 일화가 있습니다.

장사경잠(長沙景岑) 선사가 어느 스님을 시켜 여회(如會) 화상께 법을 묻도록 하였다.
"화상께서는 남전 스님을 만나기 전에는 어떠하였습니까?"
이에 여회 화상이 답했다.
"양구(良久)."
"만난 이후엔 어떠했습니까?"
"별다른 것이 있을 수 없느니라."
여회 화상으로부터 돌아온 스님이 이와 같은 문답을 경잠 선사에게 고하니 선사가 다음과 같은 게송을 읊었다.

백척간두좌저인(百尺竿頭坐底人)
수연득입미위진(雖然得入未爲眞)
백척간두진일보(百尺竿頭進一步)
시방세계시전신(十方世界是全身)

백 척 장대 끝에 앉은 이가
비록 깨달아 들기는 했으나 참됨은 되지 못했으니,
백 척 장대 끝에서 한 걸음 더 나아가야
시방세계가 그대로 부처의 몸이 되리라.

경잠 선사가 보기에 백척간두에 머무는 것은 진정한 깨달음이 아닙니다. 그렇게 성취하게 된 깨달음에 기대어, 일없이 안주하는 삶을 보낼 수도 있다 생각했기 때문입니다. 그렇기에 깨달음의 경지, 깨달음을 이루었다는 상(相)마저도 완전히 벗어던지며, 그렇게 한 걸음 더 나아갈 때 진정으로 살아날 길이 열리게 됩니다. 그러할 때 시방세계가 그대로 부처의 몸과 진리의 대용으로 살아나는 것입니다.

　진정으로 깨달음에 이른 자리에는 정작 깨달음이 남아 있지 않습니다. 그런 깨달음마저 벗어던졌기 때문입니다. 그 자리에 부처라는 명상(名相) 역시 남아 있을 리 없습니다. 부처도 알 수 없고, 부처마저도 도달할 수 없는 곳, 부처의 자취마저도 사라지게 될 적에야 비로소 진정한 깨달음입니다.

　그리하여 종국엔 진정한 깨달음도 없습니다.

중생이 사라지면 부처 또한 사라진다

25
無咎無法 不生不心
무구무법 불생불심

허물이 없으면 법도 없고
나지 않으면 마음이랄 것도 없음이라.

우리가 진정한 깨달음에 이른다면, 그곳엔 허물도 없고 법이랄 것도 없으며, 또한 마음이라 칭할 것까지도 사라지게 됩니다. 그러나 우리가 중생심과 차별심에 물들어 있기에 불교에서는 '어쩔 수 없이' 법과 마음, 진여라는 용어를 씁니다. 하지만 허물과 오염이 없으면, 법이나 마음도, 깨달음이나 진여마저도 설 자리가 없습니다. 번뇌가 실제로 있다고 착각하기에, 부처와 조사들은 '어쩔 수 없이' 지혜라는 방편을 제시한 것입니다. 그러나 진정한 깨달음의 세계로 들어가 번뇌가 사라지게 된다면, 그땐 지혜마저도 설 자리가 없습니다. 중생이나 부처도 마찬가지입니다. 중생이 사라지게 되는데, 그 어찌 부처가 설 자리가 남아 있겠습니까?

이와 관련해 『무문관(無門關)』 제30칙 '즉심즉불(卽心卽佛, 마음이 곧 부처다)'의 본칙을 소개하고자 합니다.

> 마조(馬祖) 스님에게 대매(大梅) 스님이 물었다.
> "어떤 것이 부처입니까?"
> 마조 스님이 말했다.
> "마음이 바로 부처니라."
> 이 말을 듣고 대매 스님이 곧장 깨쳤다.

그렇다면 여기에서 중요하게 살펴볼 점이 있습니다. '마음이 곧 부처'라는 말을 우리는 숱하게 들어왔습니다. 아마 대매 스님도 불교

교리를 공부하고 수행을 하며 '마음이 곧 부처'라는 말을 여러 차례 들어왔을 것입니다. 이처럼 새로울 것도 없는 말이건만, 어째서 마조 스님과의 문답을 통해서 깨치게 된 것일까요?

그것은 대매 스님이 깨달음의 기연이 잘 찾아들게끔 수행 정진을 통해 마음을 깨끗하게 비워놓았기 때문입니다. 이렇게 준비를 잘 해놓았다면 단지 마조 스님만이 깨달음에 이르게 하는 선지식인 것만이 아닙니다. 벌이 종이문을 두드리는 '탕탕' 소리나, 기왓장이 대나무에 부딪히는 '탁' 소리도 깨달음의 기연이 됩니다. 단지 사람만이 선지식인 것이 아닙니다. 세상에 존재하는 모든 유정(有情)과 무정(無情)이 법사(法師)로서 모든 방식으로 진리를 항상 설해주고 있습니다.

마조 스님의 가르침으로 '마음이 곧 부처'임을 확신한 대매 스님은 더 이상 배울 것이 없어졌습니다. 그리하여 할 일 없는 도인으로 대매산 아래에서 30년을 보냈는데, 학인이 찾아와 법을 물을 때마다 마조 스님에게 배운 그대로 '마음이 곧 부처다'라는 가르침을 주었습니다. 그런데 이 소식을 들은 마조 스님이 나중에 대매 스님에게 사람을 보내 이렇게 말하도록 주문했습니다.

"스님, 요즘 마조 대사의 불법이 달라졌습니다."
"그래? 어떻게 다른가?"
"30년 전엔 '마음이 곧 부처다'라고 말씀하셨지만, 요즘엔 '마음도 아니고 부처도 아니다[非心非佛]'라고 말씀하십니다."

그러자 대매 스님은 발끈했다.

"아니, 이 노인네가 사람을 끝없이 혼란케 하는구나. 그대는 마음도 아니고 부처도 아니라고 하라. 하지만 나는 마음이 곧 부처일 뿐이다."

그 스님이 돌아와 이같은 대화를 이르자 마조 스님은 이렇게 말했다.

"매실이 익었구나."

과연 즉심시불과 비심비불의 수준 차이가 있을까요? 수행을 처음 하는 사람에게는 즉심즉불을 가르치고, 수행이 조금 익어간 사람에게는 마음에도 집착하지 말라는 뜻으로 비심시불을 말하는 것일까요? 그렇지 않습니다. 즉심즉불과 비심비불은 깨달음에 이르기 위한 방편일 뿐입니다.

중요한 것은 이러한 말을 받아들이는 공부인이 마음을 비운 상태와 역량입니다. 마음이 어두우면 즉심시불, 비심비불이 모두 다르지만, 마음이 환히 열려 있다면 즉심시불도 옳고 비심비불이라 해도 옳습니다. 혹 즉심즉불이나 비심비불 모두가 틀렸다고 해도 그것 또한 옳습니다. 선지식은 이렇게 공부인이 준비된 정도에 따라 여러 방편들을 취하는 것일 뿐입니다.

방편이 다르다고 해서 법이 다르고 깨달음에 차이가 있는 것은 아닙니다. 마음에 허물과 오염이 없으면, 즉심시불이나 비심비불의 시비 여부에 더 이상 구애받지 않습니다. 그러면서 무엇이든 진리로 곧장 통하는 법입니다.

진리는 나를 통해 흐른다

26
能隨境滅 境逐能沈
능수경멸 경축능침

주관은 객관을 따라 소멸하고
객관은 주관을 따라 잠겨서

27
境由能境 能由境能
경유능경 능유경능

객관은 주관으로 말미암아 객관이요
주관은 객관으로 말미암아 주관이니

능(能)은 주관을, 경(境)은 객관을 말합니다. 과거에는 이렇게 능경이라고 표현했지만, 지금에는 주객(主客)이 좀 더 친숙한 표현입니다. 주객은 서로를 의지한 상대적인 개념입니다. 그렇기에 생겨난다면 동시에 생겨나고, 또 사라진다면 동시에 사라집니다.

이런 동시생멸은 비단 주객에만 해당하는 것이 아닙니다. 애증(愛憎)이나 시비(是非)도 마찬가지입니다. 사랑하는 무언가가 생기면 그와 동시에 미워하는 무언가도 생겨나는 법입니다. 마찬가지로 무엇이 '옳다'라는 관념이 생긴다면, 그와 동시에 '그르다'라는 관념 역시 생겨납니다. 이러한 분별심의 특징은 생겨날 때 동시에 생겨나고 또한 사라질 때 동시에 사라진다는 점입니다. 결코 사랑만 생겨나는 경우도 없으며 증오심만 사라지는 일도 없습니다.

그런데 중요한 것은 『신심명』 처음에 등장했던 증애심이 사라지면 다른 형태로서의 시비심이나 생사심과 같은 분별심 역시 동시에 사라진다는 것입니다. 그 이유는 모든 분별심의 중심에 있는 '나'라는 견고한 실체와 중심이 사라지기 때문입니다. 고정된 실체로서의 내가 허물어지면, 나의 마음에서 벌어지는 모든 증애와 시비, 생사라는 내용물도 동시에 사라집니다. 그렇다면 시비나 증애, 생사가 영원히 사라져 없어지는 것일까요?

마음공부는 면밀하고 철저해야 합니다. 여기에서 사라지는 것은 분별로 드러난 현상이 아니라, 현상이 지니는 실체성을 뜻합니다. 그중 '나'라는 근원적인 실체성과 중심성이 사라진다면, 그와 동시에 나를 상대해 생겨난 모든 객관의 대상이나 세상 역시 실체성과 중심성을 잃게 됩니다. 이것이 주객의 실체성이 동시에 소멸하는 것입니다.

그러나 소멸이 끝은 아닙니다. 실체성이 완전히 소멸할 때, 나를 포함한 그 모든 대상과 세상은 인연의 흐름으로 살아나게 됩니다. 실체는 사라지고 흐름만 남게 되는 것입니다. 이것이 곧 부처님이 깨달은 가장 중요한 두 가지 진리, 무아(無我)와 연기(緣起)입니다. 무아는 모든 존재의 실체 없음을 뜻하고, 연기는 실체 없음의 끊이지 않는 흐름입니다. 무아와 연기라는 두 가지 진리로, 세상은 이렇게 드러나고 동시에 운용되고 있습니다.

눈앞에서 나도 너도, 대상도 세상도, 사건도 관계도, 그 모두가 인연에 알맞게 드러납니다. 그렇게 세상은 이와 같은 무상(無常)의 진리로 끊임없이 흐릅니다. 하지만 여기에서 홀연히 하나의 문제가 생겨납니다. 그것은 바로 고착화입니다. 실체 없이 흐르는 이 세상의 모든 존재들을 특정한 이름이나 모습, 관계로 규정시키는 고착화가 발생합니다.

그중에 가장 근원이 되는 고착이 바로 '나'입니다. '나' 또한 연기의 진리에 따라 드러난 하나의 인연임에도 불구하고, 이 세상의 중심과 실체로서 고착화되는 것입니다. 그러나 고착된 내가 수행을 통해서 잘 비워진다면, 그때부터 나는 통로로서 기능하게 됩니다. 하지만 이는 단순히 기능적인 연결로서의 통로가 아닙니다.

진리가 들어서고 또한 진리가 발현되는 그 무엇보다도 중요한 통로가 되는 것입니다.

『증도가(證道歌)』에는 "환화공신즉법신(幻化空身卽法身)"이라는 구절이 나옵니다. 이는 '허깨비 같은 빈 몸이 실상은 진리를 담는 몸'이라는 뜻입니다. 하지만 모두가 똑같은 법의 몸을 이루는 것은 아닙니다. 진정한 '법의 몸'을 이루기 위해서는 철저하게 '빈 몸'이 되어야 한다는 조건이 있기 때문입니다. 우리가 존재의 실체 없음을 완전하게 체화할 때, 철저하게 '빈 몸'이 될 수 있습니다. '빈 몸'이 이토록 중요하기에 '통로'라 비유하는 것입니다. 통로는 말끔하게 비워질 때야 비로소 여러 내용물들이 자유롭게, 있는 그대로 오갈 수 있습니다. 마찬가지로 나라는 통로가 완전하게 비워질 때, 진리가 나를 통해 여실하게 채워지고 또한 발현되는 것입니다.

법당에서 소변을 보았던 객승은 슬쩍 공(空) 경계를 체험하긴 했습니다. 하지만 나라는 통로가 말끔하게 비워지지는 않았습니다. 나에게 덧붙여진 관념이나 실체감을 여전히 붙들고 있던 것이었습니다. 그렇기에 행여라도 오줌을 입술에 묻히려고 하면, 화들짝 놀라며 도망가게 되는 것입니다. 이것이 곧 나[我]를 둘러싼 관념상(相)을 완전하게 비우지 못해 생겨난 일입니다.

그러나 여기에서 분명하게 짚고 넘어가야 합니다. 문제가 되는 것은 '아상(我相)'이지, '나[我]' 자체는 아닙니다. 나는 소중한 존재입니다. 모든 진리를 담고 드러내는 통로이기 때문입니다. 다만 나를 둘러싼 관념[相]만을 걷어낼 뿐입니다. 그럴 수만 있다면 그 모든 형태로서의 진리는 나라는 통로를 통해서 여실하게 흐를 수 있게 됩니다.

실체가 없으면 모두를 살린다

28
欲知兩段 元是一空
욕지양단 원시일공

양단을 알고자 할진댄
원래 하나의 공이니라.

차별적으로 벌어진 이 세상을 제대로 알고 받아들이기 위해서는 본래 하나의 공(空)을 알아야 합니다. 이 본래의 공은 실체가 없음을 뜻합니다. 실체가 없기에 그 어떤 양단에 묶이지 않고 동시에 통할 수 있습니다. 하지만 그런 양단을 따로 실체로서 둔다면, 공마저도 실체가 되어버립니다. 이는 살아 있는 공이 아닙니다. 실체에 묶여버려 죽은 공이 되어버립니다.

이처럼 살아 있는 공의 상징으로 다음과 같은 게송이 전해져 내려옵니다.

아유일권경 불인지묵성(我有一卷經 不因紙墨成)
전개무일자 상방대광명(展開無一字 常放大光明)

내게 한 권의 경전 있으니 종이와 먹으로 되지 않았네.
펼쳐 보면 한 자도 없건만 항상 밝은 빛을 놓고 있다네.

경전이 책으로 기능하기 위해서는 종이와 글자가 필요합니다. 하지만 사람이라면 누구나 가지고 있는 이 특별한 경전은 종이로 이뤄지지도 않았고, 글자도 없습니다. 그런데도 온 세상에 밝은 빛을 내고 있으니 일반적인 경전은 아닙니다.

비록 경전이라는 물건에 비유했지만, 이처럼 살아 있는 경전이 바로 본래의 공입니다. 종이와 글자로 묶여 있다면 오직 책으로 존재할 뿐입니다. 종이도 아니고 글자도 없는 실체 없는 경전이기에, 도리어 세상 만물을 비추며 살아 있는 공(空)의 경전이 되는 것입니다.

텅 빌 적에 충만해진다

29
一空同兩 齊含萬象
일공동양 제함만상

하나의 공은 양단과 같아서
삼라만상을 함께 다 포함하여

이 하나의 공(空)이 바로 '눈앞'입니다. 그런데 사람들은 공이라면 비어 있음만을 생각하는 경향성이 있습니다. 하지만 진정한 공은 비어 있으면서 동시에 채워져 있습니다. 눈앞도 그러합니다. 눈앞은 그 자체로서는 비어 있지만, 모든 대상 경계들로 채워져 있습니다. 그렇기에 세상과 존재는 진공(眞空)이면서 동시에 묘유(妙有)입니다. 그렇기에 부처님의 근본 깨달음도, 무아(無我)이면서 동시에 연기(緣起)인 것입니다. 다른 종교 전통에서는 이를 두고 '텅 빈 충만'이라고 하기도 합니다. 근본은 무위법으로 비어 있지만, 현상으로 모든 유위의 일들이 가득 담겨 있습니다.

　이렇듯 모든 것을 담으면서도 다양한 변화들도 허용해주는 것이 바로 공(空)이면서 조사스님들이 그토록 간곡히 일러준 '눈앞[目前]'입니다. 비워짐과 채워짐, 무위와 유위, 무아와 연기가 이 눈앞으로 완연하게 구현되고 있습니다. 하지만 우리 중생은 이 방대한 눈앞을 떠나 나라는 존재에 갇혀버렸습니다. 그리하여 나를 중심으로 바라본 대상, 혹 나를 통해서 해석된 세상에서 살게 된 것입니다. 그리하여 눈앞으로서 펼쳐진 천하를 자유로이 주유(周遊)하지 못하고, 나라는 감옥에 갇혀 스스로 만든 생각과 감정, 욕망에 부대끼며 살아가고 있는 것입니다.

경전의 위대한 비밀, 여시아문

30
不見精麤 寧有偏黨
불견정추 영유편당

세밀하고 거칠음을 보지 못하거니
어찌 치우침이 있겠는가.

이 공부는 이치적으로 이해했다고 끝나지 않습니다. 수행과 깨달음은 무언가를 '아는 것'이 아닙니다. 깨달음은 '아는 것'이 아니라, '되는 것'입니다. 내가 무위법을 아는 수준이 아니라, 나 역시도 무위이자 유위, 그 어느 것에 머무르지 않으면서 모든 인연 경계들을 드러내주는 참된 공(空)이 되는 것입니다. 이것이 선불교에서 말하는 계합(契合)입니다. 계합은 완전히 비어 있으면서 모두를 품는 공과의 완전한 일치입니다. 이러한 완전한 일치를 이룬다면, 더 이상 알거나 모르거나 하는 일에 관여치 않습니다. 존재의 여실함으로 이미 그렇게 되었기 때문입니다. 이것이 계합입니다.

존재의 본래 모습은 불성으로 계합되어 있고 또한 구현되어 있습니다. 그래서 본래성불(本來成佛)입니다. 하지만 '홀연히' 생겨난 무명 업식에 사로잡혀 우리는 부처가 아닌 중생으로 내려앉게 되었습니다. 그런데 어쩌다 이런 일이 벌어지게 되었을까요? 왜 본래 부처 자리를 떠나, 주객으로 나뉘어 서로 갈등하고 고통받게 되었을까요? 앞서 말했듯 이는 우리가 광활히 열린 본래의 눈앞을 떠나, 몸과 생각을 갖춘 실체의 나로 들어앉았기 때문입니다.

그런데 이렇게 부처에서 중생으로 들어앉게 된 이런 명확한 이유에 대한 힌트가 모든 경전에서 오래전부터 한결같이 전해져 내려오고 있습니다. 모든 경전에서 한결같이 드러난 이 말, 그것은 바로 "여시아문(如是我聞)"입니다.

여시아문은 '이와 같이 나는 들었다'라는 뜻으로서 모든 경전의 첫머리를 장식합니다. 보통의 경우 '부처님의 설법을 아난이나 수보리가 이와 같이 정확하게 들었다'라고 해석합니다. 그러나 팔만대장경이란 방대한 양의 경전에 똑같이 들어선 표현이고, 게다가 모든 경전의 가장 중요한 첫머리를 한결같이 장식하는 이 여시아문이 이렇게 단순한 의미일까요? 어떤 글이든 포문을 여는 첫 문장과 표현은 무척이나 중요합니다. 그런데 진리와 깨달음을 설하는 경전에서 가장 중요한 첫마디가 단순히 '이와 같이 들었다'는 사실 증명을 위한 반복 어구일까요? 세상에서 가장 고결한 진리를 설하는 부처님의 경전에서 제일 첫머리에 있다면 이보다 심오한 뜻이 숨겨져 있는 것이 아닐까요?

여시아문에서 가장 중요한 것은 앞의 두 글자, 바로 '여시(如是)'입니다. '이와 같다'라는 뜻의 '여시'에는 사실상 아무런 의미가 없습니다. 잡을 수도, 그렇다고 규정할 수도 없는 그런 텅 빈 의미로서의 '여시'입니다. 이런 '여시'가 먼저 나온 뒤, '아문(我聞)'이 나타납니다. 이 '아문'에 이르러서야 비로소 불교 공부와 마음 수행에 있어서 가장 중요한 '나[我]'라는 존재가 출현하게 됩니다. 이는 모든 존재와 실체의 근간이 되는 나일 수도 있고, 또한 모든 진리가 담기고 발현되는 존재로서의 나일 수도 있습니다. 그런 다음에 나오게 되는 글자는 바로 '들을 문(聞)' 입니다. 경전의 형식상 '들을 문(聞)' 자를 쓰게 되었지만, 사실 이는 색성향미촉법(色聲香味觸法)의 모든 감각과 의식 작용이 들어오는 과정을 대표하는 의미로서의 '들을 문(聞)'입니다.

이렇게 '여시아문'이 나온 뒤에서야 비로소 부처님이 설법하는 시간과 장소, 인물과 정황, 질문과 대답 등 경전 내용들이 소개됩니다. 이러한 과정을 거치면서 우리는 부처님 설법의 구체적인 내용을 들을 수 있게 되는 것입니다. 그리고 이러한 설법의 내용은 『금강경(金剛經)』, 『원각경(圓覺經)』, 『화엄경(華嚴經)』, 『육조단경(六祖壇經)』 등 경전마다 상이합니다. 그렇게 우리는 '여시아문' 다음에 펼쳐지는 경전의 내용을 읽으며 부처님의 가르침과 현묘한 깨달음에 집중합니다. 이것이 우리가 경전을 받아들이는 보편적인 방식입니다. 그런데도 의문스러운 일입니다. 왜 하필 이 '여시아문'이 모든 경전의 제일 첫머리로 나타나게 된 것일까요?

'여시아문'의 비밀한 뜻은 이미 글자의 순서에 잘 나타나 있습니다. 나라는 존재가 생겨나기 이전에, 내가 보고 듣고 느끼고 생각하는 법문 내용이며, 이 세상의 내용물이 나타나기 이전에 분명 다른 무언가가 있던 것입니다. 그것이 바로 '여시(如是)'입니다.

'이와 같다… 이와 같다….'

'이와 같다'는 뜻의 '여시'에는 의미도 없고, 중심도 없고, 실체도 없습니다. 하지만 나를 비롯해 대상과 세상, 모든 경계와 사건들이 생겨나기 이전의 '텅 빈 배경'으로서 먼저 나타난 것이 바로 '여시'인 것입니다. 그렇기에 '여시'는 허공이며 전체이고, 동시에 '눈앞'입니다. 만일 '여시'라는 근원의 배경이 없다면 아문(我聞), 즉 '나'라는 존재며, 내가 보고 듣고 느끼고 생각하는 세상의 일들도 존재할 수 없습니다. 나라는 존재가 없다면 내가 읽는 경전도 존재할 수 없고, 심지어 진리를 가르쳐준 부처님마저도 나타날 수 없습니다. 그렇게 세상에서 가장 중요한 의미와 비중을 차지하는 존재가 바로 나입니다. 그런데 이러한 나보다 앞서서 있는 것이 바로 '여시'인 것입니다.

그렇기에 여시는 단순히 '이와 같다'는 의미로 머무르지 않습니다. 모든 존재와 대상, 상황과 흐름, 세상과 우주가 존재할 수 있는 그 근원의 배경과 바탕이 바로 '여시'로 드러난 것입니다.

'이와 같다… 이와 같다….'

그렇기에 '여시'는 무아이고, 무위법이며, 공이고, '눈앞'이자 텅 빈 배경으로서 전체입니다. 그다음 '아문'에 이르러서야 비로소 세계의 중심으로 자리하게 된 '나'라는 존재가 출현하게 됩니다. 그러면서 내가 보고 듣고 느끼고 생각하는 대상들도 출현하며 지금의 이 세계며 모든 존재가 모습과 의미를 갖추고 드러납니다. 그렇기에 '아문' 다음에 드러나는 내용들은 연기이고, 유위법이며, 존재이고,

흐름이라고 할 수 있습니다. 이렇게 보자면 '여시아문'은 단순히 경전 내용의 사실성 여부를 증명하기 위한 단순한 반복 구절이 아닙니다.

나라는 존재나 이 세상이 어떻게 존재하고 드러나게 되는지를 비밀스럽게, 그러나 경전의 첫머리로서 무척이나 분명하게 일러주고 있는 기가 막힌 힌트인 것입니다.

진리는 결코 숨겨져 있지 않습니다. 오히려 자명하게 드러나 있습니다. 모든 법의 본원이자, 무아이자, 무위법이자, 진여이자, 본래면목이 '여시'라는 힌트로 그 모든 경전에, 그것도 제일 첫머리에 무수하게 반복해서 나타났던 것입니다. 그러나 우리는 '여시아문'을 대수롭지 않게 여겨왔습니다. 그러면서 '여시아문' 다음에 따라오는 어느 시대, 배경, 인물들, 질문과 대답 등의 내용물에만 정신이 팔려 있는 것입니다. 그러면서 이 경전의 내용은 어떠하고 핵심은 무엇이며, 저 경전이 가지는 역사적 가치는 무엇이라는 등의 내용물에만 집중해 왔습니다. 그렇게 경전에 무언가 중요한 내용이 있다고 믿으며, 이를 해석하고 분석하는 일에만 골몰했던 것입니다.

이렇듯 우리는 '여시', '이와 같다', '본래 이러하다'라는 의미로서의 '눈앞'을 경시해 왔던 것입니다. 그러면서 눈앞에서 드러난 일들의 경중을 따지고, 시비를 나누며, 선악을 조장하는 등의 일들에만 열중했습니다. 시비와 선악, 애증의 일들은 사실상 모두가 내용물입니다. '여시'며 '눈앞'이 실체 없는 진정한 무위법으로서의 본품임에도 불구하고, 이를 저버리고 '아문' 뒤에 드러난 유위법의 부록들에만 온갖 정신이 팔려 있던 것입니다. 이것이 지금까지 우리가 경전을 대하는 태도였고, 또한 세상을 대하며 인생을 살아오던 방식이었습니다.

　이러한 이유 때문에 우리는 지금까지 '여시아문'을 단순한 사실 증명의 의미로 경시하고, '여시아문'이 드러내왔던 세계의 비밀한 뜻을 간과했다고 말할 수 있습니다. 개인으로 보자면 수십 년 동안, 인류 역사로 보자면 수천 년 동안 '여시아문'을 경전의 제일 첫머리로 한결같이 읽어 왔습니다. 하지만 이 세계가 어떠한 모습으로 나타나게 되었는지, 나라는 존재가 어떻게 생겨날 수 있는지에 대한 근본의 진리며 힌트를 그만큼의 시간 동안 저버렸다고도 할 수 있습니다.

이제부터라도 이 '여시아문'의 의미를 다시금 새겨볼 일입니다. 경전을 읽을 때마다 이토록 단순하고도 분명한 표현인 '여시아문'을, 진리의 본원이며 깨달음의 당체로 들어간다는 생각으로 받아들인다면, '여시아문'의 무량한 깊이 없는 깊이가 우리 마음속으로 잘 녹아들 것입니다. 만일 그럴 수만 있다면 독경(讀經)은 단순히 경전을 읽거나 해석하는 작업만이 아닙니다. 공덕을 쌓고 복을 받기 위한 기도인 것만도 아닙니다. 진리와 하나 되기 위한 그 첫 시작이 바로 '여시아문'으로부터 펼쳐지기 때문입니다. '이와 같이 나는 들었다'라는 이 비밀하지만 분명한 가르침은 그 모든 수행의 첫 시작점이면서, 동시에 깨달음의 최종 귀결점이 될 수 있는 것입니다.

고통은 분리에서 시작된다

31
大道體寬 無易無難
대도체관 무이무난

대도는 본체가 넓어서
쉬움도 없고 어려움도 없거늘

대도(大道), 그리고 진리 자체에는 쉬움이나 어려움이 없습니다. 나고 죽음이나, 크고 작음 역시 없습니다. 하지만 우리는 왜 진리를 그렇게 어렵게 느끼고, 얻기가 힘든 것일까요?

그것은 나라고 하는 몸과 생각에 갇히면서부터입니다. 사실 우리는 세상과 한통, 한몸으로 존재했습니다. 본래의 우리는 세상과 분리되지 않고 세상과 한통으로서, 그렇게 커다란 세상으로 존재했습니다. 그러나 나라는 실체로 이렇게 따로 분리되면서 세상의 한 작은 부분으로 전락했습니다. 고작해야 2미터도 넘지 않는 조그마한 몸속에 갇혀 살게 된 것입니다.

그럼 이 '나'라고 하는 자아는 언제부터 생겨날까요? 보통 생후 15~18개월 정도가 되면 유아는 자신과 타인을 구분합니다. 그렇게 자신이 타인과 다른 독립적인 존재라는 것을 알게 된 유아는 거울이나 사진 속의 자신을 보고 나라고 인식합니다. 시간이 흐르며 '나는 영철이, 두 살, 남자' 등과 같이 이름, 나이, 성별 등의 신체적 범주 안에서 자신을 구분하게 됩니다.

그러다 3~4세 무렵, 나라는 존재가 점점 확고해지기 시작합니다. 그래서 소유나 관계성의 측면에서 나의 인식이 더욱 발달하게 됩니다. 이를테면 "영철이는 사과를 좋아해요", "영철이는 개랑 놀고 싶어요"라고 말합니다. 그러나 여전히 자기 자신을 나라고 칭하지 않고, 멀리 떨어져서 바라보는 객관 대상처럼 분리해서 보는 경우도 많습니다. 이는 나라는 존재가 미분화 혹은 약분화된 상태이기 때문입니다.

　이처럼 나라는 존재가 뚜렷하게 구분되지 않는다는 것은 자타, 주객의 개념이 명확하게 들어서지 않은 것이기도 합니다. 그리고 이러한 상태는 또한 시비나 선악, 즉 옳은 것과 그른 것, 좋은 것과 나쁜 것 역시 명확하게 구분되지 않는다는 것을 뜻합니다. 나중에 커가며 시비와 선악에 대한 개념을 점차로 익히게 되는 것입니다.

　그렇게 분별이 약하여 아무런 의도 없이, 생각이 나오는 대로 행동하고 반응하는 아이들을 두고 우리는 '천진불(天眞佛)'이라고 부릅니다. 천진(天眞)하다는 것은 꾸밈이나 거짓이 없다는 것인데, 어른이 되어가며 배우게 되는 분별 의식이나 개념이 아직 자리 잡히지 않았기 때문입니다. 질서와 분별은 철저하게 어른들의 것입니다. 반면에 아이들은 순수한 무질서와 무분별의 세계에서 살아가는 것입니다. 무분별이라는 진리의 세상을 살고 있는 것입니다.

　한번 떠올려 보십시오. 내가 분리된 실체로 존재하기 전, 우리는 눈앞으로서 대도(大道)와 함께 노닐며 지냈습니다. 그렇게 경계 없는 대도의 자유 속에서 쉬움과 어려움이라는 것도 존재하지 않았습니다. 하지만 어느 순간 우리는 홀연히 눈앞의 세상과 떨어지게 되었습니다. 그 계기는 다름 아닌 나라는 존재가 형성되면서부터입니다. 나로 떨어져나오면서부터 우리는 나를 둘러싼 세계와 분리되고, 경계를 짓기 시작한 것입니다. 이 분리로부터 모든 형태의 고통이 시작되는 것입니다.

쓸모없는 나무는 없다

32
小見狐疑 轉急轉遲
소견호의 전급전지

좁은 견해로 여우 같은 의심을 내어
서두를수록 더욱 더디어지도다.

대도를 성취하기 위해서 해야 할 단 하나의 일이 있다면 그것은 나라는 착각 하나 벗어나는 것입니다. 대도는 본래 눈앞으로 온전하게 펼쳐져 있습니다. 하지만 나라는 장막에 가려져 본래 완성되어 있는 이 눈앞을, 제대로 보지도 못하고 들어서지도 못합니다. 이미 우리는 눈앞에 완벽하게 들어서 있고 또한 눈앞으로서 완연하게 존재하고 있습니다. 그러나 나라는 분리로 인해, 이러한 실체감으로 인해, 삶의 경계들이 온전해지지 못하는 것입니다.

그럼에도 더러 여우 같은 의심을 내는 사람도 있을 것입니다. 나에 대한 집착에서 벗어나지 못하여 의심이 많아, 눈앞의 대도로 곧장 들어서지 못하는 경우입니다. 하지만 이와 반대로 사자 같은 용맹함도 있을 것입니다. 그러한 차원에서 근대 선(禪)의 중흥조인 경허(鏡虛) 스님의 법문을 인용해보고자 합니다.

경허 스님이 동학사에 머무를 때였습니다. 하루는 강주스님이 법상에 올라 대중들에게 이런 법문을 하였습니다.
"나무는 비뚤어지지 않고 곧아야 쓸모가 있고 그릇도 찌그러지지 않아야 쓸모가 있으며, 마찬가지로 사람도 마음이 불량하지 않고 착해야 한다."
이렇게 강주스님이 설법을 마친 뒤, 경허 스님의 법문 차례였습니다. 경허 스님은 앞선 강주스님과 정반대 내용의 설법을 했습니다.

"비뚤어진 나무는 비뚤어진 대로 쓸모가 있고, 찌그러진 그릇은 찌그러진 대로 쓸모가 있으며, 불량하고 성실치 못한 사람도 그대로 착하고 성실함이 있습니다."

이 법문을 듣고 난 뒤, 만공 스님은 경허 스님을 평생의 스승으로 모시기로 결심했습니다.

나무가 비뚤어지지 않고 곧고 크게 자란다면, 그 나무는 건물을 지탱하는 대들보가 됩니다. 그래서 지금까지 많은 어른들이 아이들에게 세상의 대들보 같은 사람이 되라는 덕담을 해왔던 것입니다. 하지만 모든 나무가 대들보가 될 수 있는 재목으로 자라는 것은 아닙니다. 마찬가지로 모든 사람이 곧바르게 성장하는 것도 아닙니다. 개개인의 특성이나 자라는 환경에 따라 조금씩은 엇나가고 비뚤어진 방식으로 성장하는 경우가 외려 대다수입니다. 그러나 엇나감과 비뚤어짐이 나쁜 것만은 아닙니다. 이러한 요소들이 적절히 균형을 갖춘다면, 그것이 오히려 개개인의 특성과 창의성으로 발현되기 때문입니다.

나무가 크고 곧바르게 자라면 큰 건물의 대들보로 쓰이게 되겠지만, 그보다 작으면 서까래로 쓰이면 됩니다. 혹 그보다도 더 작으면 절집 노장들을 위한 지팡이 혹은 아궁이의 부지깽이로도 쓰일 수 있습니다. 쓸모없는 나무란 없습니다. 모든 종류의 나무가 제각기 인연에 맞게끔 쓸모가 있는 것입니다. 사람도 마찬가지입니다. 모든 사람이 반드시 큰 인물이 되어야 할 필요는 없습니다. 그 사람이 가지는 자질과 역량만큼, 그 인연을 필요로 하는 곳에 적합하게 쓰인다면, 그것 역시 옳은 일이고 온전한 일입니다.

해인사 퇴설당에서 은사스님의 시자(侍者)로 지낼 때였습니다. 은사스님과 포행을 하다 이런 질문을 하게 되었습니다.
"스님, 중국에서 선의 황금기 시대에 대선지식 회상에 천여 대중, 삼천여 대중이 모여 살던 때에도 공부인은 단 한 명이었다는 기록들이 많습니다. 그렇게 수많은 사람들이 수행하고 있었는데, 왜 제대로 공부해서 법을 이어간 스님은 단 한 사람뿐이었는가요?"
"저기 큰 산이 있잖아, 저 큰 산에는 딱 한 마리의 호랑이만 있는 거여. 큰 산에 두 마리의 호랑이가 있을 수는 없는 것이여."
저는 묵묵히 고개를 끄덕였습니다.
"그런데 말여, 산에는 호랑이만 사는 것이 아녀. 곰도 살고, 여우도 살고, 꿩도 살어. 그게 산이여…."

산이란 실상 수많은 동물들이 어우러져 살아가는 하나의 커다란 생태계입니다. 그리고 산이라는 생태계에서 많은 동물들이 어우러지면서 나름의 균형을 적절하게 유지하고 있습니다. 산에는 호랑이만 있는 게 아닙니다. 모두가 호랑이가 될 수도 없고, 호랑이처럼 살아갈 수 있는 것도 아닙니다. 곰이나 여우처럼, 각자의 인연과 역할에 맞게끔 살아가는 것이 산이라는 생태계에서의 조화로운 모습이고 공존의 질서입니다. 그리고 산에는 동물들만 사는 것도 아닙니다. 파란 잎을 매단 소나무도 있고, 계곡물의 시원한 소리도 있으며, 낙엽의 말간 냄새도 있고, 시원한 겨울바람도 있습니다. 그 모두가 자신의 인연에 맞게끔 경계의 진실을 말끔하게 보여주고 있습니다. 그러나 어느 것도 자신의 경계를 뽐내지 않으며, 다른 경계들이 맘에 들지 않는다 하여 방해하거나 교섭하지도 않습니다. 이것이 산의 질서이고, 또한 존재의 진리입니다.

이 구절에서는 어쩔 수 없이 의심하는 종자를 여우라 비유하였습니다. 그러나 그런 여우 같은 사람이 따로 정해져 있는 게 아닙니다. 다만 좁은 안목으로 여우 같은 의심을 할 뿐입니다. 중요한 것은 안목이 좁은가 혹은 넓은가의 차이인 것이지, 여우라 규정하는 것이 아닙니다. 자기 실체에 갇혀서 사람과 세상을 대한다면, 그것은 좁은 안목으로 사는 것입니다. 그렇게 몸과 생각에 갇혀 살기에, 마음은 이유 없이 서두르는 것이고 그러한 조급함으로 일은 더디어지는 것입니다.

그러나 자기라는 몸과 생각에서 벗어나 트인 안목으로 대도에 들어선다면, 그 사람은 마치 사자나 호랑이와도 같습니다. 여우와 마찬가지로 사자가 특정 인물들을 지칭하는 것은 아닙니다. 자신의 생각에 매몰되지 않고, 두려움 없이 나아갈 수 있는 사람이라면 그 사람이 바로 사자와 같은 안목을 갖춘 수행자인 것입니다. 이러한 수행자는 몸과 생각의 굴레에서 벗어나 법의 안목으로 사는 사람입니다.

나라는 실체에 갇혀 산다면 좁고 더딥니다. 하지만 실체로부터 완연히 벗어날 수만 있다면, 전체를 바라보는 안목으로, 당장 눈앞에 펼쳐진 경계들의 조화로움으로 살게 됩니다. 이것이야말로 대도(大道)를 구현하는 삶입니다.

『증도가(證道歌)』에는 "일초직입여래지(一超直入如來地)"라는 구절이 나옵니다. 이것은 '단번에 훌쩍 뛰어넘어 여래지, 즉 깨달음의 땅에 도달한다'는 뜻입니다. 그러나 여래의 땅은 우리가 사는 곳과 다른, 어디 머나먼 국토가 아닙니다. 그리고 깨달음을 얻은 사람만 들어설 수 있는 그런 땅도 아닙니다. 금은보화로 장엄하고, 먹을 것이 넘쳐나고 또 온갖 행복한 일들만 가득한 그런 극락의 땅 역시 아닙니다. 이러한 고락과 시비 일체가 사라진 태초이자, 모든 존재의 본원이 바로 여래지입니다. 이러한 여래지가 바로 '눈앞'인 것입니다.

가을 달이 휘영청 밝고, 차가운 계곡물이 졸졸졸 흐르면서, 소쩍새 우는 소리가 청명히 들리는 눈앞이 바로 여래지(如來地), 진리가 있는 그대로의 모습을 여실하게 드러내는 땅입니다. 우리는 이미 이러한 여래지에 도달했습니다. 단번에 뛰어넘는 수고를 하기도 전에, 이러함[如是]으로써 이미 도달해 있는 것입니다.

나를 놓으면, 인연으로 흐른다

33
執之失度 必入邪路
집지실도 필입사로

집착하면 법도를 잃음이라
반드시 삿된 길로 들어가고

34
放之自然 體無去住
방지자연 체무거주

놓아버리면 자연히 본래로 되어
본체는 가거나 머무름이 없도다.

우리는 고집멸도(苦集滅道)의 사성제(四聖諦)를 통해 이미 고통의 근원을 알고 있습니다. 고통은 집착에서 비롯됩니다. 그런데 우리는 과연 무엇을 집착하는 것일까요? 집착하는 마음의 근원은 무엇일까요?

앞 구절에서는 집착하고, 뒤 구절에서는 반대로 놓아버린다고 했습니다. 그렇다면 과연 무엇을 집착하고 놓아버린다고 하는 것일까요? 물론 대상이나 관념을 집착하고 놓아버릴 수도 있을 것입니다. 하지만 모든 집착의 근원은 바로 '나'입니다. 대상을 집착한다고 하여도, 사실 그것을 바라는 욕망은 나에게 있고, 관념을 집착한다고 해도 그 생각 역시 내가 품고 있습니다. 그렇기에 이 두 구절은 이렇게 정리될 수 있습니다.

'나를 집착한다면 반드시 삿된 길로 들어가고, 나에 대한 집착을 놓아버리면 자연스럽게 본래의 모습으로 돌아간다.'

그런데 중요하게 보아야 합니다. 진리의 본체는 가거나 머무름이 없습니다. 그렇다고 해서 움직이지 않고, 또 움직이지 않는 것도 아닙니다. 이것이 진공묘유(眞空妙有)입니다. 움직이지 않는다는 것은 진공의 실체 없는 비어 있음을 말합니다. 또한 머무르지 않으며 끊임없이 변화하는 것은 묘유의 인연에 따른 드러남을 말합니다. 고정된 실체랄 것은 없습니다. 그러나 인연에 상응하여 끊임없이 변화하고 흘러갑니다. 이것이 세상과 존재의 진리입니다.

나로부터 벗어나면 번뇌도 지혜로 부린다

35
任性合道 逍遙絶惱
임성합도 소요절뇌

자성에 맡기면 도에 합하여
소요하여 번뇌가 끊기고

수행을 하는 데 있어서 가장 장애가 되는 요소 중 하나는 바로 번뇌입니다. 그런데 어떻게 하면 번뇌를 끊을 수가 있을까요? 그런데 번뇌라는 것을 과연 끊을 수 있기나 할까요? 설령 번뇌가 끊긴다고 하면, 하나의 생각도 일어나지 않아야 하나요? 그것이 진정한 깨달음일까요? 그렇다면 생각이 끊어진 각자(覺者)는 마치 목석(木石)처럼 일체 생각이 나지 않을까요? 만일 그러하다면 부처님과 조사스님들은 어떻게 설법을 할 수 있었을까요? 그리고 번뇌라는 것을 정말 개인의 의지와 노력으로 끊을 수 있는 것일까요? '번뇌를 끊는다'는 이 말 한마디가 실로 여러 질문들을 불러일으킵니다.

그러나 번뇌를 멈출 수 있는 방법은 구절 앞부분에 이미 분명하게 나타나 있습니다. 바로 자성에 맡기는 것입니다. 나의 힘으로 번뇌를 끊을 수는 없습니다. 자성의 힘으로 번뇌가 멈춰질 뿐입니다. 그렇다면 어떻게 자성에 맡길 수 있을까요? 불성이나 진여가, 부처님이나 조사스님이 알아서 해주길 간절히 바라며, 그렇게 모든 것을 포기하듯 내맡기면 되는 것일까요? 과연 이것이 진정한 내맡김일까요?

자성에 맡기고 도에 계합하기 위해서는 우선 자성이나 도의 속성에 가까워져야만 합니다. 도의 속성은 텅 비어 있음입니다. 진공(眞空)으로 경계 없이 텅 비어 있으면서도 동시에 묘유(妙有)로서 모든 대상과 존재들을 드러내주는 것이 도의 속성입니다. 그런데 나라는 실체를 두고 생각과 감정에 휘말리게 된다면 그것은 도에 제대로 합하기 어려운 상태입니다. 그래서 우리의 선(禪) 스승들은 마음의 본원에 닿기 위해 그토록 선정 수행을 해왔던 것입니다.

 선정 수행의 목적은 고요함에 깊이 들어가 세속에서의 고통을 피하는 것이 아닙니다. 나고 죽음이 없고, 더러움도 깨끗함도 없고, 옳음과 그름마저도 없는 눈앞의 텅 빈 속성과 가까워지는 것이 선정 수행의 목적입니다. 그리하여 눈앞이라는 도와 완연히 통하게 된다면 어떻게 될까요? 번뇌는 더 이상 일어나지 않고 사라지게 될까요? 목석과 같이 아무런 생각과 감정이 일어나지 않게 되는 것일까요?

 번뇌가 끊긴다는 것은 생각과 감정이 사라진다는 뜻이 아닙니다. 이보다 번뇌가 더 이상 번뇌가 아니게 되며, 또한 번뇌로 기능하지 않는다는 것을 뜻합니다. 참선 공부를 해온 사람들은 '번뇌즉보리(煩惱卽菩提)'라는 말을 아마도 여러 차례 들었을 겁니다. 이는 우리가 그토록 떨구려 애쓰는 번뇌가 실상은 지혜와 하나도 다를 바 없다는 뜻입니다. 그런데도 우리는 번뇌에 휩싸일 뿐, 지혜를 제대로 쓰지 못합니다. 번뇌가 지혜로 드러나기 위해선 조건이 있기 때문입니다.

 그것이 바로 도에 합해져야 한다는 것입니다. 대도와 온전히 계합하여, 우리 존재가 자연스러운 흐름으로 들어갈 적에 생각은 더 이상 번뇌가 아닙니다. 우리가 그토록 벗어나려 했던 번뇌가 실상 진여의 오롯한 드러남으로 바뀌어버리기 때문입니다. 무명의 작용으로 생각이 나타난다면 그것을 번뇌라 하지만, 진여의 작용으로 생각이 드러난다면 그것은 지혜입니다. 번뇌나 지혜는 근원적으로는 같습니다. 하지만 나라는 실체에 묶여 있을 적에 그것은 생사의 번뇌가 되고, 대도와 합하여 투명하게 드러날 적에 그것은 생사마저도 뛰어넘는 지혜가 되는 것입니다.

여기에서 다시 한번 확고한 기준점을 말씀드립니다. 생각이 있는가 혹 없는가를 기준으로 번뇌라 부르면 안 됩니다. 또한 그 생각이 나쁜 생각일 때 번뇌이고, 좋은 생각일 때 지혜라 부르는 것 또한 아닙니다. 나라는 실체에 갇혀 있다면 아무리 좋은 생각이라 할지라도 그것은 근원적으로 번뇌입니다. 그러나 눈앞의 텅 빈 속성으로 계합할 수만 있다면, 아무리 어리석어 보이는 생각이라도 그것은 천연(天然)의 지혜가 됩니다.

'중생시불(衆生是佛)'의 도리 역시 마찬가지입니다. 제아무리 깨달은 사람이라 할지라도 나에게 갇혀 버린다면 그 사람은 중생입니다. 그러나 아무리 어리석은 중생이라도 자기 실체로부터 완전하게 벗어날 수만 있다면 그는 곧장 부처가 됩니다.

그 무엇이 번뇌며 지혜인가를 규정하는 것이 아닙니다. 또한 그 누가 중생이고 부처인 것 또한 정해진 일도 아닙니다. 나라는 실체에 갇힌다면 중생으로 번뇌에 부림을 당하게 될 것입니다. 하지만 나라는 실체로부터 벗어날 수 있다면, 그는 부처로서 모든 번뇌마저도 지혜로 부리며 살게 될 것입니다.

나조차도 하나의 이야기다

36
繫念乖眞 昏沈不好
계념괴진 혼침불호

생각에 얽매이면 참됨에 어긋나서
혼침함이 좋지 않느니라.

번뇌와 함께 수행의 대표적인 장애는 다름 아닌 혼침(昏沈)입니다. 화두를 챙기며 좌선 수행을 하다가도 우리는 곧잘 혼침에 빠져듭니다. 초참 시절 화두가 잘 잡히지 않던 저 역시, 큰방에서 정진하며 혼침에 빠지지 않기 위해서 아등바등 애를 썼던 날들이 많았습니다. 정진하다가 졸리면 수인(手印, 정진할 때 손의 모양)을 바꿔보기도 하고, 허벅지를 꼬집어도 보고, 자리에서 일어나 정진하기도 했습니다. 그만큼 혼침은 정진에 있어 크나큰 장애였습니다.

그렇게 우리는 혼침이 몰려옴에도 졸지 않으려 노력하고, 경책도 받아 가며 다시 선정에 들어가려 노력합니다. 하지만 성현들의 혼침은 우리의 혼침과 달랐습니다. 『임제어록』에는 다음과 같은 일화가 소개됩니다.

> 임제(臨濟)가 승당에서 졸고 있는데, 황벽(黃檗)이 내려와서 보고는 주장자로 선상의 모서리를 한 번 쳤다. 임제는 머리를 들어 황벽을 보고는 다시 잠이 들었다. 황벽은 선상을 다시 한번 치고는 위 칸으로 돌아갔는데, 그곳에서 수좌(首座)가 좌선하고 있는 것을 보고서 말했다.
> "아래 칸의 후배는 도리어 좌선을 하고 있는데, 너는 여기서 망상을 피우고 있으니 무엇을 하겠느냐?"
> 수좌가 말했다.
> "이 미치광이 늙은이가 뭐하나?"

황벽은 선판(禪板)의 모서리를 한 번 두드리고는 바로 나가버렸다.

이 이야기에는 세 분의 스님이 나옵니다. 임제 스님은 황벽 스님의 법을 이은 제자이고, 수좌스님은 선원에서 수행 정진을 지도하는 어른입니다. 어느 날 황벽 스님이 승당(僧堂, 스님이 좌선하며 기거하는 집)을 돌다 임제 스님이 졸고 있는 모습을 봤습니다. 그리곤 선상을 주장자로 툭 쳤습니다. 그런데 임제 스님의 반응이 가관입니다. 황벽 스님은 그만 깨어나라는 의미로 선상을 툭 쳤건만, 이에 아랑곳하지 않고 다시 잠에 빠져든 것입니다. 그러자 황벽 스님은 다시 선상을 툭 치고 나갑니다. 그리곤 위에서 오롯하게 정진하는 수좌스님을 공연히 구박합니다. 하지만 수좌스님도 만만치 않습니다. 황벽 스님에게 큰 소리로 받아칩니다. 이에 황벽 스님이 이전과 마찬가지로 선판의 모서리를 툭 치고 나갑니다.

한 편의 재미난 연극처럼 독특한 역할극이지만, 도와 검이 공중에서 '챙!' '챙!' 경쾌한 소리를 내며 울려 퍼지는 아름다운 장면입니다.

임제 스님은 정진하다 졸았고, 이에 반해 수좌스님은 반듯하게 정진하고 있었습니다. 그런데도 황벽 스님이 왜 임제 스님을 칭찬하고 수좌스님을 나무랐는지, 우리는 이해하지 못합니다. 이해되지 않는 문답이 오가야지만 선문답인 것은 아닙니다. 이해되지 않을 상황과 대응이 오가도 선문답입니다.

중생들은 보통 모양과 말에 곧장 끄달려 들어갑니다. 하지만 깨달은 조사들은 다릅니다. 모양에 속지 않고 말로도 현혹되지 않습니다. 그 이유는 내면의 깊은 곳을 무심(無心)으로 꿰뚫어 보기 때문입니다. 그렇게 모든 경계를 무심으로 대할 수 있는 것은 실체화의 망상으로부터 벗어날 때 가능합니다. 그렇기에 실체화의 망상에서 벗어나는 것이 제일 중요합니다. 그럴 수만 있다면 사실 꾸벅꾸벅 조는 것은 더 이상 혼침이 아닙니다. 이것 역시 진리가 있는 그대로 드러나는 '여실함'입니다. 이 여실함에 깊은 뜻이 있습니다.

임제 스님은 여실함으로 졸았고, 황벽 스님은 여실함으로 선상을 툭 쳤습니다. 임제 스님은 여실함으로 깨어났고, 여실함으로 황벽 스님을 한 번 쓰윽 쳐다보았으며, 또한 여실함으로 다시 잠에 빠져들었습니다. 수좌스님의 경우도 마찬가지입니다. 수좌스님도 여실함으로 정진하고 있었고, 여실함으로 황벽 스님의 거짓 꾸중을 들었습니다. 그렇기에 여실함으로써 황벽 스님의 거짓 꾸중을 쳐낼 수 있었고, 황벽 스님도 그렇게 여실함으로 선판을 다시 한번 툭 치고 나갔습니다.

우리의 삶은 그 모든 '여실한' 이야기들입니다. 하지만 우리는 이야기들에 곧장 끌려들어가서 이야기의 굴림을 받으며 살아갑니다. 이것이 중생이자 보통 일반인의 삶입니다. 그러나 이야기로 굴림을 받지 않기 위해서 해야 할 일은 단 하나입니다. 그 이야기에서 빠져나오면 됩니다. 통에서 빠져나올 때야 비로소 통을 굴릴 수 있듯, 이야기로부터 빠져나올 적에야 비로소 우리는 이야기를 부릴 수 있습니다. 그리고 이야기에서 빠져나올 수 있는 명확한 근거를 부처님과 조사스님들은 이미 일러준 것입니다. 그것은 무아(無我)와 무심(無心)입니다.

그러나 나라는 존재가 실체로서 존재하기에 이와 같은 유심(有心)의 이야기로 끌려들어갑니다. 그리고 이러한 유아(唯我)로 말미암아 세상의 모든 존재며 경계가 견고한 실체성을 얻습니다. 그런데 실체의 세상이며 유심의 이야기에선 모양과 소리, 의미가 중요한 위치를 차지합니다. 그렇기에 우리는 승당에서 임제 스님이 졸았다고 생각하는 것이고, 이를 지적한 황벽 스님을 보고 임제 스님이 바로 정신을 차렸어야만 했다고 생각하는 것입니다. 그러나 이것은 이야기에 속은 것입니다. 그리고 아무리 수좌스님이 오롯이 정진했다 하더라도, 황벽 스님에게 무례했다고 생각합니다. 이것 역시 이야기에 속은 것입니다. 우리는 이야기를 잘 판별한다 생각하지만, 실상 이야기에 속고, 이야기로 굴림을 당합니다. 그렇다면 이 근원의 이유는 과연 무엇일까요?

그것은 바로 '나'조차도 하나의 이야기임을 알지 못하기 때문입니다. 나 자신이 이야기임을 명확하게 자각하는 것, 이것이 깨어남입니다. 그리고 이런 자각의 자리가 눈앞으로 흔들림 없는 안착을 이루는 것, 이것이 깨달음입니다. 이런 깨어남을 선문(禪門)에서 견성(見性)이나 초견(初見)이라고 부릅니다. 하지만 사람마다의 근기 차이가 있어 깨어나는 정도나 깨어남에 안착하는 정도는 모두 다릅니다. 수행 정진을 어느 정도 잘 이어간다면 나를 포함한 모든 존재의 실체 없음을 자각할 수는 있습니다. 하지만 그 깨어남의 정도는 사람마다 제각기 다릅니다. 『육조단경(六祖壇經)』에서 혜능 스님은 이렇게 말합니다.

> "선지식들아, 법에는 단박 깨침과 점차로 깨침이 없다. 그러나 사람에 따라 영리하고 우둔함이 있으니, 미혹하면 점차로 계합하고 깨친 이는 단박에 닦느니라."

진리 본연에는 그 어떤 차별도 없습니다. 그래서 법 자체에는 돈점(頓漸)이 있을 수가 없습니다. 하지만 사람은 다릅니다. 마음 그릇이라고도 부를 수 있는 근기에는 제각기 차이가 있습니다. 그래서 마음이 크게 열리면 좀 더 크게 깨닫고, 마음이 작게 열리면 작게 깨닫습니다. 그렇기에 우리는 올바른 정진의 힘으로 무아(無我)를 더 크게 자각하게 되고, 마음이 점차 환히 열리는 일련의 보림(保任, 깨달은 경지를 보호하고 지속시키는 수행) 과정도 거치게 되는 것입니다.

그러한 숙련 과정을 거치며 마음이라고 칭할 만한 실체화의 미세한 망념조차도 완전히 무너진다면, 그제서야 진정한 무심(無心)의 경지에 도달하는 것입니다.

나 자신마저도 이야기임을 자각하는 것이 무아(無我)의 깨어남이고, 세상에 드러난 모든 이야기에 속지 않으면서 그렇게 이야기로 부리면서 사는 것이 무심(無心)의 깨달음입니다. 그리고 이 무심의 깨달음이야말로 생사 없는 도리마저도 생사로 부리는 용무생사(用無生死)의 진정한 깨달음이라 할 수 있습니다.

그러나 신기한 일입니다. 이러한 무아와 무심의 깨달음에 도달할 수 있게끔, 황벽 스님은 천년 후를 살아가는 지금의 우리에게 자그마한 힌트 하나를 남겼습니다. 모양과 소리로 여실히 드러나면서도, 또한 그 의미를 찾을 수가 없는 힌트 하나가, 이 이야기 전체를 관통하며 분명하게 남아 있는 것입니다.

그것은 '탁'입니다. 황벽 스님이 선상을 두드린 이 한 소리, '탁'입니다. 황벽 스님은 임제 스님을 깨우려고 선상을 '탁' 친 것만이 아닙니다. 이 '탁' 소리는 모든 이야기들이 실상 '여실함'으로 한결같다는 증명의 울림입니다. 여기서도 '탁', 저기서도 '탁', 이렇다 해도 '탁', 저렇다 해도 '탁', 처음도 '탁', 마지막도 '탁'. 이야기 안에서 인물과 상황, 의미와 대응은 모두 다릅니다. 하지만 이 '탁' 소리는 한결같습니다. 이 이야기 안에서 내용도 아니고 의미도 아닌, 이 하나의 '탁' 소리를 제대로 들을 줄 알아야지, 비로소 이처럼 재미난 역할극의 선문답을 제대로 보게 되는 것입니다.

'탁' 소리는 내용도 아니고 의미도 없습니다. 그리고 '탁' 소리에는 쉬움이나 어려움도 없고, 얕고 깊음도 없으며, 바르거나 삿됨도 없으며, 오고 감도 없습니다. 그런데도 '탁' 소리는 이야기 전체를 꿰뚫는 통연하면서도 명백한 울림입니다. 이 '탁' 소리를 제대로 들을 수만 있다면, 설사 선상에서 존다 하여도, 오롯하게 정진하고 있다 해도, 무어라 꾸중을 당한다 해도, 자신의 살림이 눈앞으로 또렷해집니다. 그렇기에 보고 듣는 내용물에 휘둘림을 당하지 않게 됩니다.

그뿐만이 아닙니다. 내용물들을 자신의 살림에 맞게끔 운용할 줄도 알게 됩니다. 그래서 임제 스님의 그렇게 꾸벅꾸벅 조는 모습으로, 수좌스님은 거침없는 호통으로 각자만의 분명하고도 멋진 살림을 보여준 것입니다.

이것이 『신심명』 첫 구절에서 그토록 중요하게 강조했던 통연함과 명백함입니다. 눈앞으로 환하게 열려 있는 것이 통연함이고, 경계경계가 여실함으로 펼쳐지는 것이 명백함입니다. 이것은 또한 존재와 역할입니다. 눈앞의 통연함으로 걸림 없음이 우리의 본래 존재입니다. 그러면서 명백함으로 모든 경계를 인연에 맞게끔 부리며 살아가는 것이 우리에게 주어진 역할입니다.

너무 멀지도 않고 너무 가깝지도 않게

37
不好勞神 何用疎親
불호노신 하용소친

좋지 않으면 신기를 괴롭히거늘
어찌 성기고 친함을 쓸 건가.

"신기를 괴롭힌다"는 말이나 "소친을 쓴다"는 표현은 모두 우리에게 익숙하지는 않은 옛말입니다. 첫 문장에서 '노신(勞神)'은 '정신을 수고롭게 한다'는 뜻입니다. 그래서 '불호노신(不好勞神)'은 '정신을 수고롭게 하지 않으려거든'의 뜻이 됩니다. 그리고 '소친(疎親)'은 각기 '멀고 가까움'을 뜻합니다. 그렇기에 이 구절은 '정신을 수고롭게 하지 않으려거든 멀고 가까움을 따로 두지 말라'라는 뜻이 됩니다.

사람을 대할 때 "난로 대하듯 하라"라는 말이 있습니다. 난로는 너무 가까우면 뜨거워서 고통스럽고, 그렇다고 너무 떨어지면 추워서 힘듭니다. 그래서 사람을 대할 때도 적당한 선을 유지하는 게 가장 좋다고 말하는 것입니다. 고사(故事)로는 '불가근불가원(不可近不可遠)'인데, 이를 해석하자면 '너무 가깝지 않고, 그렇다고 너무 멀지도 않게'입니다. 인간관계에 있어서 너무 가까우면 상처받는 경우가 많아서인지, 지금의 사람들에게 이러한 처세의 격언들이 많은 공감을 얻고 있는 듯합니다.

"너무 멀게, 그렇다고 너무 가까이 대하지는 말라"고 하는 말은 과연 누구를 혹 무엇을 대상으로 한 말일까요? 아마도 가족이나 가까운 관계를 맺은 주변의 사람들일 것입니다. 하지만 『신심명』을 공부하는 입장에서 이는 법을 대하는 태도일 수도 있습니다. 그렇기에 성철 스님은 '세간법을 너무 멀리하려고 하거나, 불법만 가까이하려는 태도' 역시 조심해야 한다고 말합니다. 이와 마찬가지로 선(善)을 붙들어 쥐려하고 악(惡)을 내치려 한다거나, 옳음에 집착하고 그름을 버리려 하는 태도 역시 양변을 떠난 중도(中道)의 삶이 아닙니다.

그러나 때에 따라 좋기도 하고 나쁘기도 하고, 사랑하고 미워도 하고, 또 너무 가까이 있는 탓에 찰싹 붙어버려 집착하기가 쉽고, 또 멀리하기에는 너무 아쉬운 그런 대상이 있습니다. 바로 '나'입니다.

그러나 앞선 구절에서 밝혔듯, 나 또한 하나의 드러난 대상입니다. 하지만 우리는 나를 대상으로 여기지 않습니다. 나는 철저한 중심이고 명백한 주체입니다. 이런 나를 대상화한다는 것은 결코 일반적인 일이 아닙니다. 하지만 나를 대상화하면서 나를 대한 선사들이 더러 있기도 합니다. 바로 서암사언(瑞巖師彦) 선사입니다. 『무문관』제12칙 '암환주인(巖喚主人, 서암이 주인공을 부르다)'에서 본칙 내용은 다음과 같습니다.

> 서암사언 화상은 날마다 스스로를 "주인공아~"라고 불렀다.
> 그러고는 스스로 "예!"라고 대답했다.
> "깨어 있어라!" "예!" "남에게 속지 말라!" "예, 예!"
> 선사는 스스로 이렇게 말하곤 하였다.

얼핏 보기에 이는 자문자답한 것처럼 보입니다. 그러나 자문자답은 결코 일반적인 일이 아닙니다. 아직 자기 실체로부터의 분화가 완연하게 이루어지지 않은 어린아이들의 일이 서암 선사에게 나타난 것입니다. 그러나 이 문답을 다른 측면으로 보자면, 선사는 자신을 툭 떨어뜨려놓고 객관화된 대상처럼 본 것이라 말할 수도 있습니다. 실체에서 벗어나 내가 철저한 객관으로 대상화되면, 이런 자문자답도 '이상할 바 없이' 가능한 것입니다.

그렇기에 나라는 존재는 참 묘합니다. 그 모든 일이자 세상의 중심이기는 하되, 부처님이 설파한 무아(無我)의 진리를 따르자면, 나는 고정된 실체가 아닙니다. 고정된 실체가 아니되, 그 모든 일이 드러나고 펼쳐지는 하나의 기틀이 바로 나입니다.

그렇기에 나라는 존재는 기능적으로 통로와 비슷합니다. 보고 듣고 느끼고 생각하는 그 모든 일이 나를 통해 발현되지만, 무언가 고정시킬 만한 실체나 중심이 없기에 텅 비어 있는 통로입니다. 그런데 일반적으로 통로는 무언가를 연결해주는 목적으로 쓰이게 됩니다. 그렇다면 나는 과연 무엇과 무엇을 연결해주는 통로라 할 수 있을까요?

나라는 통로는 진여 자성과 시방세계를 진리로 연결해주는 통로입니다. 그렇다면 이런 의미로서의 통로가 제대로 기능하기 위해선 잘 비어져 있어야 합니다. 걸리는 것이 없이 말끔하게 비어 있어야, 이곳과 저곳을 말끔하게 연결해줍니다.

우리의 본래 마음은 이처럼 말끔하게 비어 있어야 하건만, 온갖 분별심과 생사심으로 가득 차 있습니다. 무명의 분별심과 생사심으로 말미암아 우리는 언젠가부터 몸과 생각에 갇힌 실체와 중심으로 갇혀 든 것입니다. 그래서 텅 비어 있음으로 모두를 품으면서도 동시에 자유자재로 부릴 수 있는 대기대용(大器大用)을 잃어버렸습니다. 그러고는 오로지 나의 취사심 때문에, 나에게 이득이 되는 것들만 붙들고, 해가 되는 것은 버리는 소기소용(小器小用)으로 변해버렸습니다. 그렇게 우리는 중생이 되어버린 것입니다.

　이러한 통로가 제대로 기능하는 데 필요한 것은 단 하나입니다. 통로를 말끔하게 비워주는 것입니다. 그러면 우리는 모든 진여자성의 깨달음을 인연에 맞게끔 진리로서 드러내주는 삶을 살 수 있습니다. 이것이 무아(無我)의 깨달음을 이루며 연기(緣起)의 삶을 구현하는 소식입니다.

　서암 선사는 나라는 실체를 빠져나와 스스로를 말끔한 통로로 부릴 수 있었기에, 이러한 자문자답을 보여준 것입니다. 나로부터 빠져나왔기에, 그렇게 나를 툭 떨궈놓고 볼 줄 알았기에, 그렇게 허공과 같이 텅 빈 안목이 있었기에, 나를 대상화하면서도 동시에 나를 자유롭게 부리는 이 자작극을, 천 년이 지난 우리에게 깊은 인상과 물음으로 남겨준 것입니다.

보고 듣고 맛봄에는 죄가 없다

38
欲趣一乘 勿惡六塵
욕취일승 물오육진

일승으로 나아가고자 하거든
육진을 미워하지 말라.

일승(一乘)은 무상대도(無上大道)입니다. 승찬 스님은 위없는 큰 진리를 이루기 위해서는 육진을 미워하지 말라고 합니다. 육진(六塵)여섯 가지 먼지로, 본래 청정한 우리의 마음을 어지럽히는 여섯 가지 대상입니다. 눈으로 보는 모습[色], 귀로 듣는 소리[聲], 코로 맡는 향기[香], 혀로 느끼는 맛[味], 몸으로 접촉하는 느낌[觸], 생각으로 낱낱이 분별하는 것[法]의 여섯 대상 경계가 바로 육진입니다. 육진은 우리의 본래 자성을 떠나 바깥으로 정신을 팔리게 하기에 여섯 도둑이란 의미로 육적(六賊)이라 부르기도 합니다.

그런데 우리가 흔히 알고 있기로, 깨달음을 얻으려거든 이 여섯 가지 대상 경계들을 멀리해야만 합니다. 세속의 삶에서 우리 중생은 보고 듣고 느끼고 생각하는 것들에 시선이 팔리는 경우가 많습니다. 이러한 이유로 스님들은 세속을 떠나 출가하고, 산 깊은 곳에서 세간일을 멀리하며 정진하는 경우가 많습니다. 그런데 승찬 스님은 이와 정반대의 말을 합니다. 육진을 미워하지도, 피하지 말아야지 도리어 무상대도를 이룬다는 것입니다.

이와 관련해서 한 수좌스님의 이야기를 소개하고자 합니다. 수좌스님이 어느 신행 단체 신도들을 참선 지도하며 같이 수행 정진하던 때였습니다. 그러던 때, 한 신도가 아침 예불 때 읊는 '이산 혜연선사 발원문'의 내용에 대해 물었습니다.

"스님, 발원문을 보면 '보고 듣고 맛봄으로 한량없는 죄를 지어'라는 구절이 있잖아요. 그런데 보고 듣고 맛보는 게 왜 한량없는 죄가 되는 거예요?"

수좌스님은 아침 예불 때마다 '이산혜연선사 발원문'을 매일 같이 낭독했습니다. 그렇게 십수 년이 넘도록 매일 아침 예불을 올릴 때마다 발원문을 읊조리며 살아온 것입니다. 그러나 정작 이 질문을 받았을 때, 스님은 신도에게 제대로 설명해주지 못했습니다. 그래서 이것이 스님에게 화두가 되었나 봅니다. 나중에 선원으로 돌아와 공부를 잘 한다는 선배스님들에게 신도와 똑같은 질문을 했습니다. 그러니 한 선배스님은 '보고 듣고 맛봄에 집착하기 때문'이라고 대답해 주었습니다. 맞는 말이었지만, 스님의 마음은 여전히 개운치 않았습니다.

그러던 어느 날, 『법구경(法句經)』의 한 구절을 보고 난 뒤에서야 고민으로 가득했던 스님의 마음이 조금은 시원해지게 되었습니다. 그 구절은 다음과 같았습니다.

바히야여.
보이는 것을 보기만 하고, 들리는 것을 듣기만 하고,
느끼는 것을 느끼기만 하고, 인식하는 것을 인식하기만 한다면,
그대는 그것과 함께하지 않을 것이다.

그것과 함께하지 않을 때, 거기에는 그대가 없다.
거기에 그대가 없을 때, 그대에게는 이 세상도 없고 저 세상도

없고,

그 둘 사이의 어떤 세상도 없다.

이것이 고통의 소멸이다.
– 『법구경』 중 「우다나 바히야경」

이 구절을 『신심명』의 내용에 근거해 해석하면 다음과 같습니다.

보이는 것을 보기만 하고 또 들리는 것을 듣기만 하면서 취착하지 않으면, 그리고 생각하는 것을 생각만 하고 담아두지 않는다면, 그 여섯 경계들은 나와 함께하지 않는다. 그런 나를 두지 않을 적에 그 모든 경계의 쌓임이 없고, 그렇게 쌓임이 없을 적에 이 세상도 저 세상도 없다. 이것이 고통의 소멸, 즉 열반이자 깨달음이다.

보고 듣고 맛봄이 정말 죄의 사유가 될까요? 그렇다면 이상한 일입니다. 부처님은 새벽별을 '보고' 깨달았고, 서산 대사는 새벽의 닭 우는 소리를 '듣고' 깨달았기 때문입니다. 이처럼 '보고 들음'은 성현들에게 있어 죄의 사유가 아니라 깨달음의 기연이었습니다.

보고 듣고 맛봄에는 근원적으로 죄가 될 만한 요소가 단 하나도 없습니다. 죄가 될 이유는 딱 하나뿐입니다. 바로 나라는 실체입니다. 내가 실체로서 존재한다면, 모든 죄는 실체성을 얻고 들어옵니다. 나라는 실체를 두고 내가 분별하고 취사한다면, 내가 취하는 모든 경계는 죄나 업이 되어 쌓이게 됩니다. 하지만 나라는 실체를 두지 않고, 무아(無我)로서 혹은 무심(無心)으로 경계를 대하게 된다면, 우리가 맞닥뜨리는 모든 보고 듣고 맛보는 경계는 진리로 드러나게 됩니다. 우리가 그토록 미워하고 벗어나려고 했던 육진 경계가, 실상은 진여 자성의 대용(大用)으로 나타나는 것입니다.

부처님은 새벽별을 '보고' 깨달았기에, 그것은 '봄이라는 진리'였습니다. 서산 대사는 새벽의 닭 우는 소리를 '듣고' 깨달았기에, 그것은 '들음이라는 진리'였던 것입니다. 나라는 실체를 두지 않고, 온갖 경계가 오가는 통로로서 말끔하게 비어 있다면, 보고 듣고 느끼고 생각하는 것은 있는 그대로 진리가 됩니다. 결코 벗어나거나 부정해야 할 경계가 아닙니다. 그렇게 세상은 그렇게 보는 그대로, 듣는 그대로 진리가 현현하는 신비의 터전이 되는 것입니다.

온몸 그대로가 법당이다

39
六塵不惡 還同正覺
육진불오 환동정각

육진을 미워하지 않으면
도리어 정각과 동일함이라.

삶의 모든 경계를 진리로 대할 수 있다면, 이것은 바른 깨달음과 다를 바가 없습니다. 나를 온전히 비워낼 수만 있다면 보고 듣고 맛봄으로 한량없는 죄를 짓는 것이 아닙니다. 오히려 보는 진리, 듣는 진리, 맛보는 진리를 낱낱이 구현하게 됩니다. 그래서 나라는 존재는 아주 소중합니다. 왜냐하면 모든 진리가 들어오고 나가는 통로가 바로 나이기 때문입니다.

그리고 이와 같은 사실은 내가 없으면 진리 역시 살아날 수가 없다는 것을 뜻합니다. 내가 있어야지 비로소 진리 또한 온전하게 살아날 수 있습니다. 다만 한 가지 조건만 있을 뿐입니다. 나의 실체성을 완전히 거두는 것, 이것이 진리와 온전히 만나고 진리의 삶을 살아가기 위한 유일한 조건입니다.

이와 관련해 나옹혜근(懶翁惠勤) 선사의 이야기를 해보고자 합니다. 나옹 선사가 원(元)나라 지공(地空) 선사의 법을 이어받고 다시 고려로 돌아와, 공민왕 시대에 국사(國師)로 지내던 때였습니다. 나옹 선사에게 누이 하나가 있었는데, 이 누이는 동생이 국사가 되었으니, 그 덕에 본인도 극락왕생할 생각에 수행을 게을리했습니다. 그러나 누이의 이러한 심중을 진작에 알아본 나옹 선사는 어느 날 누이를 방에 앉히곤 이와 같이 말했습니다.

"아쉽게도 누이는 저와 함께 서방 극락세계에 갈 수 없습니다."

"아니 왜요? 그렇다면 제가 죽어 극락왕생하려면 무엇을 어떻게 해야 하겠습니까?"

"누이는 극락에 가서 무얼 하시려고요?"

"아미타불이 상주하며 설법하고 계신다니, 저는 극락에서 아미타불을 뵙고 싶습니다."

"그렇다면 이곳에서 먼저 아미타불을 만나보셔야 하지 않겠습니까?"

"그런가요? 그럼 도대체 어디로 가면 아미타불을 만날 수 있습니까?"

교리적으로 아미타불은 사바세계에서 10만 억 국토를 지나 머나먼 서방정토 극락세계에 있습니다. 그런데 나옹 선사는 누이에게 곧장 아미타불을 친견하라며 다음의 유명한 사구게를 일러주었습니다.

아미타불재하방(阿彌陀佛在何方)
착득심두절망망(着得心頭切莫忘)
염도염궁무념처(念到念窮無念處)
육문상방자금광(六門常放紫金光)

아미타불은 어디에 계시는가.
마음에 꽉 붙들어 절대 잊지 말라.

생각이 다해 생각마저 끊어진 곳에 이르면
육문*에서 항상 자금의 광명이 빛나리라.

이 게송을 들은 누이는 확고한 믿음과 간절한 마음으로 아미타불을 염불했습니다. 그렇게 지극 정성으로 아미타불을 염불한 결과, 마침내 생각조차도 사라진 염불 삼매에 들게 되었습니다. 그런 염불 삼매를 이어가다 결국 누이는 홀연히 깨닫게 됩니다.

그런데 이렇게 깨닫고 보니 정말 상상치도 못할 놀라운 일이 벌어지고 있었습니다. 육문(六門), 즉 안이비설신의(眼耳鼻舌身意)의 여섯 문을 통해 깨달음의 광명이 찬연하게 빛나고 있었기 때문입니다. 이것은 곧 보고, 듣고, 냄새 맡고, 맛보고, 감촉하고, 생각하는 여섯 감각을 통해 부처님의 깨달음이 진리의 광명으로 항상 빛나고 있음을 말합니다. 아미타불은 저 먼 서방정토에서 설법하는 게 아니었습니다. 우리의 몸을 법당으로, 안이비설신의의 여섯 문을 통해 항상 진리의 설법을 하고 있던 것이었습니다.

나옹 선사의 누이가 이처럼 깨달을 수 있었던 까닭은 간절한 마음으로 염불했기 때문입니다. 모든 수행과 깨달음에 있어 가장 중요한 한 글자를 선택해야만 한다면, 그것은 '간절 절(切)' 자입니

- 육문(六門)은 여섯 가지 문으로, 색성향미촉법(色聲香味觸法)의 여섯 대상 경계가 들어오는 안이비설신의(眼耳鼻舌身意)를 뜻한다.

다. 간절함이야말로 가장 중요한 발심이기 때문입니다. 간절한 마음이기에 꾸준히 수행할 수 있고, 또 이 간절한 마음의 공으로 깨달음에 이르는 것입니다. 그러한 간절한 마음으로 염불하다 보니 누이는 생각이 점차로 줄어들며, 종국에는 생각마저도 찾을 수 없는 무념처에 이르게 된 것입니다. 무념처에 이르렀다는 것은 단순히 생각이 사라졌다는 것을 말하지 않습니다. 생각의 실체성과 함께 나의 존재가 지니는 실체의 무게가 동시에 사라졌음을 뜻합니다. 그렇기에 무념은 무아입니다.

    이렇게 무념과 무아에 동시에 이르고 보니, 모든 것은 달라진 바 없이 완전히 달라졌습니다. 누이는 보고 듣고 맛봄으로써 온갖 번뇌에 끄달리는 줄 알았습니다. 그러나 완벽한 무념에 도달해보니, 보고 듣고 맛봄은 더 이상 번뇌가 아니었습니다. 그것은 자금(紫金)의 광명, 즉 부처님이 도달한 깨달음의 진리가 보고 듣고 맛봄으로 찬연하게 발현되는 것이었습니다.

    하늘을 떠다니는 흰 구름이 그대로 진리였고, 처마 밑에서 떨어지는 빗소리도 그대로 진리였으며, 따뜻하게 음미하는 차 한 잔도 그대로 진리였습니다. 그렇게 깨달음을 얻게 된 누이는 온몸을 법당으로 진리를 누리게 되었던 것입니다. 아미타불은 서방정토에 있지 않았습니다. 이 몸이란 법당에서 상주하며 언제나 끊임없이, 모든 형태로서의 진리를 생생하게 설하고 있었던 것입니다.

그 누구도 빈 배와 싸우지 않는다

40
智者無爲 愚人自縛
지자무위 우인자박

지혜로운 이는 함이 없거늘
어리석은 사람은 스스로 얽매이도다.

지혜로운 이는 나의 실체와 중심을 두지 않는 사람입니다. 반대로 어리석은 사람은 나의 실체와 중심을 두는 사람입니다. 지혜로운 이는 겉으로 보기에는 함이 있음에도, 그 근원에는 함이 없습니다. 무아(無我)를 근본으로 하는 무념(無念)과 무위(無爲)로서 모든 일들을 행하기 때문입니다. 그래서 온갖 생사심과 분별심에 근거한 내용물들을 스스로 쌓아두지 않습니다. 쌓지 않기에 남음도 없습니다.

그러나 어리석은 사람은 나를 실체와 중심에 두고, 내가 판단하고 분별하고 취사합니다. 이러한 과정을 거치며 계속해서 나를 키워갑니다. 자기 자신을 비워놓고 무위로 일을 대한다면 자연스러움으로 귀결되겠지만, 스스로 쌓아둔 것들이 많은 까닭에 스스로 치이고 얽매이게 됩니다. 어리석은 이는 종국에 자승자박으로 귀결됩니다. 이와 관련해 『장자(莊子)』「산목편(山木編)」에 나오는 '빈 배'의 일화를 소개할까 합니다.

> 어떤 사람이 배를 타고 강을 건너는데 빈 배가 와서 자신의 배에 부딪힌다면 아무리 성격이 나쁜 사람일지라도 화를 내지 않을 것이다. 그러나 배 안에 사람이 있다면 그 사람에게 피하라고 소리를 지를 것이다. 그래도 듣지 못하면 다시 크게 소리칠 것이요, 더욱더 큰 소리로 외치다가 결국 저주를 퍼붓기 시작할 것이다.
>
> 이 모든 일은 그 배 안에 누군가가 있기 때문에 일어난 일이

다. 만일, 그 배가 빈 배라면 그는 소리를 지르지 않았을 것이요, 화도 내지도 않았을 것이다.

세상의 강을 건너가는 그대여. 그대가 자신의 배를 비울 수만 있다면 아무도 그대와 맞서지 않을 것이다. 아무도 그대를 해치려 하지도 않을 것이다.

'빈 배'는 무심(無心)입니다. 지혜로운 이는 함이 없이 모든 일을 합니다. 마음을 두지 않기에 흔적도 남기지 않습니다. 그것이 무심의 배가 이 세상이라는 거대한 강에 운용되는 방식입니다. 이에 반해 어리석은 사람은 자신에게 다가오는 배를 비난합니다. 내 갈 길에 방해가 된다고 소리치고, 내 배와 부딪쳐 흠집이 났다고 욕합니다. 하지만 정작 그 배는 빈 배였습니다. 그렇게 주인이 없음을 알고, 어리석은 이는 스스로 겸연쩍어합니다. 조금 전까지 일어났던 맹렬한 화는 난데없이 사라지고, 무슨 일이었던가 스스로를 돌이켜봅니다.

무심(無心)의 감화가 이러합니다. 무심은 스스로 무심일 뿐 아니라, 몸과 마음의 경계가 없기에 주변까지도 무심의 평온함으로 깃들게 합니다. 그러나 유심(有心)은 몸과 마음이라는 경계에 갇혀 있습니다. 그래서 온갖 감정과 생각으로 남을 비난하고 힘들게 만듭니다. 무심은 이렇듯 주변을 정화하지만, 유심은 나조차도 구제하지 못합니다.

법당의 주장자와 식탁의 숟가락

41
法無異法 妄自愛着
법무이법 망자애착

법은 다른 법이 없거늘
망령되이 스스로 애착하여

"법에는 다른 법이 없다"는 말은 법은 그 자체로 온전하다는 뜻입니다. 이는 앞서 소개한 「우다나 바히야경」의 가르침대로, '보이는 것을 보기만 하고, 들리는 것을 듣기만 하는 것'입니다. 보는 것 그대로, 들리는 것 그대로 이미 완벽한 진리이기 때문입니다. 하지만 우리 중생은 그러지 못합니다. 보이는 것에 대해서 곧장 분별하고 판단하며, 들리는 것에 대해서 곧장 취사선택을 합니다.

가을날의 예쁜 단풍은 책 속에 담지만, 단풍나무 아래에서 문드러진 동물의 사체를 보면 손사래를 칩니다. 듣기 좋은 새소리에는 환희심을 내다가도, 나를 깜짝 놀라게 하는 자동차 경적에는 질타의 눈초리를 보냅니다. 보는 것은 보는 그대로 옳고, 듣는 것도 듣는 그대로 옳습니다. 하지만 우리는 이렇게 보고 들리는 것에 쏜살같이 판단을 내리고, 취사선택을 하는 것입니다. 이러한 분별심의 화살을 스스로 맞으며 우리는 중생의 습성을 더욱 키워나가게 됩니다.

부처님은 분별심이나 취사심으로 새벽별을 본 것이 아닙니다. 부처님은 유심의 분별심이 아닌, 무심의 있는 그대로 새벽별을 보았습니다. 달리 말해, 새벽별을 '곧장' 본 것입니다. 마찬가지로 서산 대사는 새벽에 닭 우는 소리를 '곧장' 들었습니다. 내 마음이 잘 비워져 있다면, 보는 것은 보는 것 그대로, 또 듣는 것은 듣는 그대로 진리가 됩니다.

그러나 진리는 그렇게 들어오는 것만도 아닙니다. 우리는 밥을 먹기 위해 손으로 숟가락을 듭니다. 또 젓가락을 써서 칼국수의 뜨거운 면을 호호 불면서 식힙니다. 진리는 단지 우리를 통해서 들어오는 것만이 아니라, 우리 자신을 통해 이처럼 드러나기도 합니다. 무심법의 근본으로 본다면, 장엄한 법당에서 큰스님이 든 주장자와 우리가 밥 먹을 때 든 숟가락에는 아무런 차이가 없습니다. 또한 주장자가 법상을 울리는 '쿵' 소리와 칼국수를 식히기 위해 부는 '호호' 소리에도 아무런 차이가 없습니다. 주장자나 숟가락이나, '쿵'이나 '호호'나 모두가 눈앞에서 '곧장' 모양과 소리로서 드러났기 때문입니다. 이 곧장 드러남에는 어떤 차별이나 위계도 없습니다. 다만 진실한 드러남으로써 한결같은 소식을 일러주고 있을 뿐입니다.

내 마음 같지 않아 고통스럽다

42
將心用心 豈非大錯
장심용심 기비대착

마음을 가지고 마음을 쓰니
어찌 크게 그릇됨이 아니랴.

우리는 이미 '눈앞'이라는 진여의 마음을 잘 쓰고 있습니다. 배고프면 밥도 잘 먹고, 졸리면 하품도 잘 합니다. 인연과 상황에 맞게끔 우리는 진여의 마음을 이토록 적절하게 쓰고 있는 것입니다. 그런데도 우리는 다른 하나의 마음을 더 붙들고서, 대상 경계를 조작하고 통제해보려 합니다. 다른 하나의 마음이 바로 '나의 마음'입니다. 나라는 존재가 이렇게 따로 있으니, 나의 마음도 따로 있다고 착각하는 것입니다. 그러면서 다른 여러 사람들이 나의 마음에 맞춰주기를 바라고 있습니다. 그러나 이와 같은 일은 잘 이루어지지 않습니다. 그래서 우리는 고통스럽습니다. 이렇듯 나의 마음을 따로 가지고 산다는 것은, 어쩌면 끝나지 않을 고통을 끌어안고 사는 것과 다를 바 없습니다.

마음을 가지고 마음을 쓰려고 한다는 것은, 작은 나의 마음으로 눈앞이라는 진여의 큰마음을 부리려는 것과 같습니다. 유심의 마음으로는 결코 무심의 마음을 부릴 수가 없습니다. 그것은 마치 유심의 칼로 무심의 허공을 가르려는 어리석은 시도와 같습니다. 칼은 많은 것들을 날카롭게 자를 수 있습니다. 그러나 칼은 결코 허공을 벨 수 없습니다.

그렇다고 칼이 실패했다고 볼 수는 없습니다. 칼은 결코 실패한 적이 없기 때문입니다. 칼은 허공에서 좌우로 자유롭게 움직였습니다. 뿐만 아니라 허공에서 그토록 명징하게 '횟~! 횟~!' 하는 소리를 울려냈습니다. 칼은 이렇게 허공에서 언제나, 어떤 방식으로든 성공했습니다. 허공을 가르겠다는 의도만 내지 않는다면, 칼은 언제나 성공한 것입니다.

유심은 결코 무심을 넘어설 수 없습니다. 다만 유심의 감정과 생각 그리고 욕망을 비워낸다면, 본래 무심으로 돌아갈 수 있습니다. 그렇게 본래 무심으로 돌아감으로써 모든 유심의 감정과 생각, 욕망은 있는 그대로의 진리로 나타나게 됩니다. 이것이 무심의 공덕입니다. 모든 형태로 드러난 유심들을 있는 그대로 허용해주고 인정해주는 대자대비의 마음입니다.

장엄한 법당에서 위용 있게 승천하는 주장자만이 고귀한 설법을 하는 것이 아닙니다. 시끌벅적한 시장터에서 칼국수를 들고 올라가는 젓가락도 이미 그만의 완벽한 대기대용(大機大用)을 보여주고 있습니다. 눈앞의 완벽한 무심으로 볼 수만 있다면, 주장자든 젓가락이든 모두가 한결같이 성공한 소식입니다.

같이 어울리나 물들지 않는다

43
迷生寂亂 悟無好惡
미생적란 오무호오

미혹하면 고요함과 어지러움이 생기고
깨치면 좋음과 미움이 없거니

우리 중생들은 미혹하면 고요함과 어지러움이 생기고, 좋음과 미움도 생깁니다. 반면 부처와 조사 같은 성현들은 고요함과 어지러움, 좋음과 미움이 완전히 사라진 분들입니다. 모든 분별과 차별이 사라지는 것은 한결같은 고요함과 온전함으로 들어설 수 있기 때문입니다. 고요함과 어지러움 사이에서 혼동한다거나, 온갖 호오에 휘둘리는 마음의 갈등이 완전히 종결된 것입니다. 그 이유는 물론 나를 향한 중심과 실체가 완연하게 무너졌기 때문입니다. 흔들리고 갈등하는 나의 근원이 소실되었기에 외부 조건들로 인한 취사심이나 집착심이 사라지는 것입니다.

불교 전통에서 연꽃은 깨달음을 상징합니다. 연꽃이 깨달음을 상징하는 이유는 혼탁한 연못이나 더러운 진흙과 달리, 고결하고 깨끗하기 때문이 아닙니다. 이보다는 주변의 환경에 물들지 않고 스스로의 순백을 드러내고 있는 까닭으로 깨달음의 상징이 된 것입니다. 즉 '물들지 않음'이 깨달음을 상징하는 중요한 특징인 것입니다.

부처와 조사도 마찬가지입니다. 바깥으로 드러난 온갖 차별경계에 따라 물들지 않기에, 고요함과 온전함을 한결같은 무심(無心)으로 유지합니다. 이러한 무심은 바깥의 존재와 대상들을 부정하거나 저버리는 무심이 아닙니다. 오히려 그와 함께하면서도 흔들리지 않는 장엄한 무심입니다.

그러나 전체의 관점으로 보자면, 연꽃은 진흙뿐 아니라 연못의 물과 다양한 풀들 그리고 물고기와 함께하고 있습니다. 그저 연꽃만 덩그러니 놓여 있다면, 연꽃은 본연의 아름다움을 발하지 못합니다. 연못에서 수많은 생물들, 다채로운 생명 현상과 함께 하기에 연꽃이 숭고해지는 것입니다. 이처럼 깨달음은 그 자체로 고결한 것이 아닙니다. 천 가지, 만 가지의 다양한 유위법들과 함께 어우러지면서도 그에 물들지 않기에, 이처럼 숭고해질 수 있는 것입니다.

눈앞 또한 그러합니다. 이루어 셀 수 없는 온갖 유위의 법들을 모두 끌어안으면서도, 눈앞 그 자체는 결코 물드는 일이 없습니다. 그렇기에 모든 종류의 깨달음은 종국에 눈앞으로 온전하게 계합하는 것입니다. 눈앞은 이렇듯 숭고해질 바가 없습니다. 하지만 이렇듯 숭고해질 바가 없기에 도리어 이와 같이 숭고해지는 것입니다.

허공에 그림을 그려도 붓은 바래지 않는다

44
一切二邊 良由斟酌
일체이변 양유짐작

모든 상대적인 두 견해는
자못 짐작하기 때문이로다.

우리가 알고 있는 짐작(斟酌)의 의미는 '어림잡아 헤아리다'는 뜻입니다. 하지만 이 구절에서 짐작은 '이것은 좋고 저것은 나쁘다'는 식으로 분별을 내는 마음을 가리킵니다. 즉 양변의 견해에서 자유롭지 못한 분별심을 뜻합니다.

그럼, 여기에서 분별심(分別心)과 분별지(分別智)의 명확한 차이를 밝혀야 할 듯합니다. 똑같은 분별임에도 불구하고, 하나는 분별하는 마음이고 다른 하나는 분별하는 지혜입니다. 보통 분별심은 부정적인 뜻으로 쓰이며 우리가 벗어나야 하는 것이지만, 분별지는 깨달음의 지혜로서 우리가 지향하는 바입니다. 그러나 불교를 열심히 공부하고 수행을 오래 한 분들도 이 분별심과 분별지는 명확하게 구분하지 못하는 경우가 많습니다.

분별심에 대한 우리의 입장은 대체로 부정적입니다. '분별심에 휘둘린다' 혹 '분별심 때문에 괴롭다'는 식으로 부정적으로 쓰이고 있습니다. 분별심이 이렇듯 부정적인 의미로 쓰이는 까닭은 마음의 근원에 내가 있기 때문입니다. 분별하는 마음을 가진 주체로서 혹 중심으로서, 평가하고 판단하고 분류하려는 마음의 근원에 내가 있기 때문에 분별심은 부정의 마음으로 평가받습니다.

하지만 분별지는 다릅니다. 그 근원에는 내가 있지 않습니다. 그렇다면 분별지의 근원에는 아무것도 없는 것일까요? 아닙니다. 다소 역설적으로 들릴지 모르겠지만, 분별지의 근원에는 무아(無我)가 있습니다. 부처님의 깨달음인 무아의 진리에 통달하면 나라는 실체의 근원이 사라집니다. 내가 사라진다는 것은 나를 포함한 바깥 경계의 실체성 모두가 사라짐을 뜻합니다. 이것이 무아의 깨달음입니다. 그렇기에 무아의 깨달음은 자연스레 무분별로 돌아가게 되어 있습니다. 분별의 지혜는 바로 이 무분별에서 나오게 되는 것입니다.

분별지는 분별에서 나온 앎이 아닌, 무분별에서 나온 지혜입니다. 실체의 나를 붙들고서 살아간다면 아무리 현명하고 그럴듯한 사고라 할지라도, 그것은 분별심의 한 모습일 뿐입니다. 하지만 무아의 진리에 통달한다면, 모든 생각이나 사고뿐만 아니라 나를 통해서 보고 듣고 느끼는 모두가 무분별의 지혜로 발현됩니다. 이렇듯 무아를 근본으로 하며, 부동(不動)과 불염(不染)의 진여 자성에 근거를 둘 적에야 비로소 지혜가 나온다 할 수 있습니다.

분별심과 분별지는 이토록 분명한 차이가 있습니다. 나라는 중생에 얽매여 있는 상태에서 생겨나는 생각과 감정은 분별심이 되어 고통을 낳습니다. 하지만 무아의 진리를 깨달아 무분별로 나를 대할 수만 있다면, 나를 통해 나오게 되는 모든 경계들은 지혜로서 작용하게 됩니다.

하지만 이조차도 더욱 간명하게 분류할 수도 있습니다. 깨닫기 전엔 어쩔 수 없이 분별심이고, 깨달은 후엔 자연스럽게 분별지입니다. 깨닫기 전엔 분별심에 부림을 받고, 깨달은 후엔 분별지를 부립니다. 이것이 분별심과 분별지의 명확한 차이입니다.

동양의 지혜를 담고 있는 『채근담(菜根譚)』에는 분별지를 묘사하는 다음과 같은 문구가 소개됩니다.

> 오색 붓으로 허공에 그림을 그려도
> 붓은 바래지 않고 허공 또한 물들지 않으며
> 예리한 칼로 물을 베어도
> 칼날은 무뎌지지 않고 물 또한 흔적을 남기지 않는다.
> 이 의미를 깨달아 몸가짐하고 세상을 살아간다면
> 감응이 모두 적절하고 마음과 경계를 함께 잊게 될 것이다.

그거 다 환상이잖아요?

45
夢幻空華 何勞把捉
몽환공화 하로파착

꿈속의 허깨비와 헛꽃을
어찌 애써 잡으려 하는가.

승찬 스님은 중생심을 꿈속의 허깨비와 헛꽃에 비유했습니다. 성철 스님도 중생의 견해가 일체의 변견(邊見), 즉 분별심에 치우친 견해라 말했습니다. 그렇다면 중생심으로 드러나게 된 이 세상이 과연 우리 자신에게 허깨비와 헛꽃처럼 느껴지는지 물어봐야 합니다. 뿐만 아니라 이를 바라보는 나라는 존재 자체도 그렇게 허깨비나 헛꽃처럼 느껴지는지가 중요합니다.

이와 관련해 한 스님과의 대화를 예로 들어보겠습니다. 어떤 후배스님과 세상에서 벌어지는 여러 일들에 관한 이야기를 하던 때였습니다. 대화 중간에 후배스님이 『금강경(金剛經)』을 언급하며 이런 말을 했습니다.

"스님, 그런데 모든 세상 일들이 다 환(幻)이잖아요?"

환(幻)에 관한 언급이 나오는 『금강경』의 유명한 사구게는 다음과 같습니다.

一切有爲法 如夢幻泡影 如露亦如電 應作如是觀
일 체 유 위 법 여 몽 환 포 영 여 로 역 여 전 응 작 여 시 관

모든 만들어진 법은 마치 꿈과 같고, 환영과 같고, 물거품 같고, 그림자 같고, 아침 이슬과 같고, 번개불과 같은 것이니, 마땅히 이와 같이 볼 것이니라.

그런데 이 사구게는 바르게 해석해야 합니다. 『금강경』에서는 모

든 유위로 만들어진 법이나 세상을 두고, 그것이 꿈이며 환영이니 가짜라고 말한 것이 아닙니다. 마치 꿈이나 환영과 같다고 비유한 것입니다. 이렇듯 꿈과 환영으로 비유한 것은 유위법을 무시하기 위함이 아니라, 실체가 없음을 말하고자 하기 위함입니다. 그렇기에 사구게에서 가장 중점을 두고 해석해야 할 한자는 마지막에 있는 '볼 관(觀)' 자입니다. '관(觀)'은 그냥 '본다'는 의미가 아닙니다. 좀 더 해석을 보태자면, 이 '관(觀)' 자에는 '모든 존재의 근원을 환히 꿰뚫어 본다'는 뜻이 있습니다. 그렇기에 일체의 유위법을 꿈과 환영처럼 '꿰뚫어 보아라' 한 것이지, 꿈이며 환영이기에 '거짓이기에 무시하라'는 뜻이 아닌 것입니다.

그러나 『금강경』의 뜻을 잘못 받아들여, 유위법 모두가 꿈이며 환영이기에 거짓으로 치부하고 무시하는 태도를 취하려는 분들도 더러 있습니다. 때에 따라 자신이 불리해진 논쟁에서 "그거 다 환영이잖아요?"라는 식으로 논쟁 자체를 어그러뜨리며 아예 회피하는 경우도 있습니다.

그러나 이런 식의 태도에는 문제가 있습니다. 그렇게 바깥 대상과 경계들을 모두 환영으로 쓸어버린다 하더라도, 정작 자신만은 환영으로 수용하지 못하는 것입니다. 그것은 마치 공병(空病)에 걸려 법당에서 소변을 본 객승과도 같습니다.

'관(觀)' 자는 단지 '본다'는 뜻만이 아니라 공부인의 안목을 상징합니다. 세상에 만들어진 모든 법들이 근원적으로 실체 없음을 꿰뚫어 알기에, 이에 집착하지 않고 밝고 투명하게 보는 안목을 뜻하는 것입니다. 그러나 이러한 안목을 갖추지 못하고 경전을 표면적으로 이해하게 되면, 세상의 모든 법은 거짓이기에 집착할 필요가 없다고 해석해 버립니다. 이 사구게에서 '같을 여(如)' 자는 단지 비유로써 쓰인 것인데, 이런 비유를 규정으로 받아들이는 데에서 생겨난 착오입니다.

그렇기에 '대상을 환으로 규정하는 태도'와 '대상을 환처럼 보는 안목'은 명확하게 구분되어야 합니다. "그거 다 환이잖아요?"라고 말하는 것은 대상을 환으로 규정하는 태도입니다. 그런데 문제는 환으로 규정하는 근원에 나라는 실체가 여전히 자리 잡고 있다는 점입니다. 내가 실체로 들어선 이상, 대상이나 세상만을 환처럼 바라볼 수 있는 안목은 없습니다. 나의 실체성이 무너지게 될 적에야 비로소 세상과 대상 모두를 환처럼 대하고 또한 환으로 부릴 수 있는 지혜를 얻게 되는 까닭입니다.

세상을 환처럼 보는 안목은 앞서 비유한 연꽃과도 같습니다. 불교에서 연꽃이 깨달음을 상징하는 이유는 대상이나 세상과 함께 어우러지되, 그것에 물들지 않는 청정함 때문입니다. 이러한 청정함을 갖춘다면, 온갖 유위법과 함께 머무르면서도 이를 있는 그대로 바라볼 수 있는 안목을 얻게 되는 것입니다.

환영처럼 볼 수 있는 안목

46
得失是非 一時放却
득실시비 일시방각

얻고 잃음과 옳고 그름을
일시에 놓아버려라.

이 구절에서는 얻고 잃음, 옳고 그름을 일시에 놓아버리라고 했습니다. 그런데 우리 중생은 과연 이것을 놓을 수가 있을까요? 그리고 이것만 놓으면 끝일까요? 아닙니다. 그 근원을 통찰해야만 합니다.

득실이든 시비든, 호오든 애증이든 모든 분별심의 중심에는 나 자신이 있습니다. 나 자신이 실체와 중심으로 존재하는 이상, 득실, 시비, 호오, 애증의 내용물 역시 실체로 존재하게 됩니다. 하지만 내가 실체 없는 무아의 깨달음으로 돌아갈 수 있다면, 세상의 모든 내용물들도 자연스럽게 실체 없음으로 돌아갑니다.

그러할 때, 세상의 모든 유위법들은 환영으로 기능할 뿐입니다. 그리고 이렇게 환영처럼 볼 수 있는 안목을 가진다면, 더 이상 환영들에 물들지 않고 집착하지 않게 됩니다. 그럴 수만 있다면 득실과 시비는 더 이상 내가 놓게 되는 분별심이 아닙니다. 그것들은 일시에 방각(放却, 놓아버림)되는 것입니다. 이는 곧, 나의 인위적인 노력이 필요 없이, 자연스럽게 떨어져 나가게 되어 있다는 것입니다.

깨달음의 끝, '중생놀이'

47
眼若不睡 諸夢自除
안약불수 제몽자제

눈에 만약 졸음이 없으면
모든 꿈 저절로 없어지고

우리가 밤에 꾸는 꿈은 '작은 꿈'입니다. 그런데 이와 다른 '큰 꿈'이 따로 있습니다. 그것은 바로 이 세상입니다. 그리고 나라는 존재입니다. 잠을 잘 때 우리는 이런 작은 꿈속에서 헤매지만, 중생은 이 세상과 나라는 커다란 꿈속에서 헤매고 있는 것입니다. 그렇기에 우리가 해야 할 일은 단 하나 뿐입니다. 이 커다란 꿈에서 깨어나는 것입니다.

눈에 졸음이 없다는 것은 상징적인 비유입니다. 눈이란 안목을 뜻하는데 우리의 안목은 무명 업식에 가려져 있어, 세상과 나를 있는 그대로 맑게 보지 못합니다. 그러면 우리가 꿈에서 깬다면 어떻게 될까요? 꿈이 거짓이기 때문에, 이 환영과 같은 세상을 벗어나게 되는 것일까요?

아닙니다. 오히려 이 허깨비와 같은 꿈 세상을 맑고도 투명하게 살아갈 수 있습니다. 세상이 꿈인 줄 알기에 더 이상 꿈에 묶이지 않고, 오히려 세상이라는 꿈 안으로 들어가 꿈을 부림으로써 자유로워지는 것입니다. 꿈은 속박의 근거가 아닙니다. 오히려 자유의 가능성인 것입니다. 꿈이라는 환영에서 벗어날 수만 있다면, 우리는 오히려 이런 꿈 세상을 분명하고도 여실하게 살아갈 수 있습니다.

그렇기에 중생놀이입니다. 중생은 속박의 근거가 아닙니다. 오히려 자유의 가능성입니다. 중생이라는 착각만 벗어날 수 있다면, 오히려 우리는 부처의 진리를, 이 보잘 것 없어 보이는 중생으로서 구현할 수 있습니다. 그렇기에 중생을 떠나서 부처가 되는 것이 아닙니다. 중생을 버리고 부처를 구하는 것도 아닙니다. 중생의 일을 떠나지 않았는데, 이미 부처를 낱낱이 구현하는 명백함으로 살아간다면, 그것이야말로 꿈 세상을 온전한 중생으로 살아가는 도리입니다.

언젠가 도반스님이 깨달음의 궁극적인 결론이 무엇이냐고 물어온 적이 있습니다. 그래서 '중생놀이'라 대답했습니다. 깨달음의 끝은 '부처놀이'가 아닙니다. 오히려 '중생놀이'입니다. 부처는 걸리지 않습니다. 진리란 그 어디에도 걸리지 않기 때문입니다. 하지만 부처에도 머무르지 않고 진리마저도 집착하지 않으면, 중생은 온갖 현상에 걸리면서도 모든 인연으로 자유롭습니다. 구속되지 않는 자유를 원하는 것이 아니라, 오히려 구속됨으로써 온갖 자유로움을 누리는 '진짜 중생'이 되기 때문입니다. 세상의 모든 인과와 인연에 자유롭게 걸리며, 그렇게 중생으로서 살아가는 데 아무런 지장이 없다면, 그것이야말로 진정한 자유이고 온전한 삶입니다. 그렇기에 '중생놀이'인 것입니다. 중생으로서 살아가는 자체가 처음부터 온전한 일입니다. 또한 중생으로 그렇게 놀이하듯 살아가는 것도 아무런 허물이 없는 것입니다.

정토와 에덴동산을 떠난 적이 없다

48
心若不異 萬法一如
심약불이 만법일여

마음이 다르지 않으면
만법이 한결같느니라.

마음은 본래 나뉠 수 없습니다. 또한 나뉠 수 없는 것이 본래의 마음이기도 합니다. 하지만 언젠가부터 우리는 나라는 중심과 실체로 들어앉으면서 세상의 모든 대상과 경계들을 우리의 차별심과 분별심으로 바라보게 되었습니다. 그렇게 인간의 고통이 시작된 것입니다. 고통의 근원은 바로 나 자신이고, 이런 나를 통해서 생성된 분별심은 고통을 가중시킵니다. 이러한 차원에서 기독교 『성경』 중 「창세기」편에 나오는 에덴동산의 이야기를 다뤄볼까 합니다.

「창세기」에서 아담과 하와가 사는 에덴동산은 평화로움만 가득한 지상 낙원입니다. 하나님은 아담에게 에덴동산에서 자라는 모든 나무의 열매를 마음대로 먹어도 좋되, 단 선악과(善惡果)를 먹으면 죽을 것이라고 경고합니다. 하지만 어느 날 문제의 뱀이 나타나 하와를 유혹합니다. 뱀은 하와가 선악과 열매를 먹는다면 지혜가 커져서 하나님과 동등해질 것이라고 유혹합니다. 결국 뱀의 유혹에 넘어간 하와는 아담과 함께 선악과를 먹고야 맙니다.

  선악과를 먹고 난 뒤, 그들에게는 놀라운 일이 벌어집니다. 그제서야 그들은 자신들이 발가벗고 있다는 사실에 부끄러움을 느끼게 된 것입니다. 그래서 그들은 나뭇잎을 엮어 치마를 만들고는 자신들의 치부를 가립니다. 그렇게 하나님의 말을 어기고 선악과를 먹은 원죄로 말미암아, 아담과 하와는 에덴동산에서 쫓겨나게 됩니다. 그로부터 인류는 온갖 고난의 삶을 살게 되었다는 게 「창세기」에서 말하는 인류 역사이고, 인간이 겪는 고통의 시작입니다.

그런데 여기에서 선악과에 주목하고자 합니다. 우리말로 선악과라고 번역했지만, 이 선악과의 영어 명칭은 흥미롭습니다.

'The Fruit of the Tree of the Knowledge of Good and Evil.'

선악과는 다름 아닌, '선과 악을 분별해 주는 지식'을 주는 과일이었던 것입니다. 아담과 하와는 선악과를 먹기 이전에는 선악을 분별할 수 없었습니다. 그러나 선악과를 먹으면서부터 선악에 대한 분별의 지식을 얻게 됩니다. 그뿐만이 아닙니다. 선악이 생기며 시비(是非)나 자타(自他)와 같은 분별심도 동시에 생겨난 것입니다. 그렇기에 발가벗고 다니는 것은 잘못된 일이고, 또 남에게 이러한 모습을 보이는 것은 부끄러운 일이 되었습니다. 그렇기에 선악과는 단순히 선악만을 알게 해주는 과일이 아니었습니다. 시비나 자타와도 같은 그 모든 분별하는 마음을 동시에 생겨나게 했던 과일이 바로 선악과였습니다. 그렇게 선악과를 먹으면서부터 인류는 모든 분별과 차별심이 사라진 에덴동산에서 추방되어, 고난의 역사를 시작하게 된 것입니다.

에덴동산은 분별 이전의 평안과 순수를 상징합니다. 하지만 분별을 내는 순간, 우리 인간은 에덴동산에서 추방됩니다. 그것이 선악이든, 시비든, 자타든, 혹 『신심명』 첫 구절에서 언급되는 증애든, 어떤 종류의 분별심이 일어나게 되면 우리는 본래 있던 평안과 순수를 벗어나 버립니다. 그렇기에 에덴동산 이야기는 자못 상징적입니다. 분별심을 내는 순간, 그리고 나라는 존재를 자각하는 순간, 우리는 본래 완전무결한 부처로서의 지위를 잃어버리고 본래 평안의 세계로부터 추방된다는 것을 상징적으로 보여주기 때문입니다.

자타든 시비든 증애든 상관없습니다. 그 어느 하나의 분별심만 확연하게 벗어나면 됩니다. 하나를 벗어나면 그 모두를 벗어나기 때문입니다. 그리하여 모든 차별상을 떠날 적에 우리는 본래 무분별의 세상으로 돌아올 수 있습니다. 이것이 만법이 한결같음으로 펼쳐지는 정토(淨土)로 돌아오는 소식이며, 또한 본래의 에덴동산으로 복귀하는 소식입니다. 분별심의 욕망과 어리석음에서 벗어나면, 무분별심으로 여실하게 펼쳐지는 온전함과 지혜의 세상에 도달하는 것입니다.

정토며 에덴동산은 지금 우리의 세상과 떨어져, 멀리 있는 다른 세상이 아닙니다. 사실 정토와 에덴동산은 눈앞으로 이렇게 아주 가까이 있습니다. 단 한치도 떨어진 바 없이 정토와 에덴동산은 우리와 함께 있어왔습니다. 그래서 이렇게 말할 수도 있습니다. 분별심 하나만 내지 않으면 우리는 이미 정토에 도착했습니다. 그리고 선악의 마음만 내지 않는다면, 우리는 그 어느 순간에라도 이 에덴동산을 떠난 적이 없다고 말입니다.

나를 비우면 천하가 선물이다

49
一如體玄 兀爾忘緣
일여체현 올이망연

한결같음은 본체가 현묘하여
올연히 인연을 잊어서

이렇게 만법이 한결같을 수 있는 이유는 본체가 현묘한 이유 때문입니다. '현묘(玄妙)하다' 할 적에 현은 '어두울 현(玄)' 자입니다. 시간상으로 보면 완전히 어두운 한밤이 아니라, 한밤이 되어가며 어두움이 깔리는 시간대입니다. 그런데 이 구절에서 '어둡다'는 것은 단지 '밝다'의 반대 뜻만이 아닙니다. 근원을 찾아 들어갈 때 무언가 확연한 실체가 없음을 뜻하는 표현입니다. 단지 어두워서 보이지 않는다는 게 아닙니다. 근원을 찾을 수도 없고, 어떤 방식으로 규정할 수도 없다는 뜻으로서 그렇게 '어두울 현(玄)' 자를 쓰는 것입니다.

대학에서 종교학을 전공한 저는 이웃의 종교에도 깨달은 사람이 있다고 여겼습니다. 그들 역시 진리를 만나고자 하는 간절한 열망이 있었고, 자기 헌신의 기도와 투철한 수행 끝에 진리를 만나게 된 사람들이 있다고 여긴 것입니다. 다만 시대와 문화, 역사와 전통이 달라서 진리 역시 여러 다른 방식으로 표현될 뿐입니다. 그렇기에 이런 궁극의 진리를 기독교 전통에서는 '신' 혹은 '하나님'이라고 표현하는 것입니다. '십자가의 요한'이라는 로마 가톨릭의 한 성인은 『영혼의 노래』라는 저서에서 하나님을 찾아 나설 때 그분을 만나기 어려운 이유에 대해 이렇게 설명합니다.

"그 이유는 그분께서는 숨어 계시기 때문이며, 동시에 그분을 만나고 느끼기 위해 네 자신이 숨지 않기 때문이다. 숨겨진 물건을 찾으려는 이는 아주 깊은 곳까지 들어가야 한다. 거기서 물건을 찾을 때는 찾는 이도 역시 그 물건처럼 숨어 있게 된다."

진리는 겉으로 드러나 있지 않고 숨겨져 있습니다. 그리고 그렇게 숨겨진 진리를 찾기 위해서는 나 자신 역시 숨겨져 있어야 합니다. 이를 달리 말하자면 무아(無我)의 진리를 깨닫기 위해서는 나 자신 역시 철저한 무(無) 혹은 공(空)이 되어야 한다는 것을 뜻합니다.

그렇기에 깨달음은 '앎'의 문제가 아닙니다. 나를 중심에 두고 부처며 하나님이며, 진리며 도를 대상처럼 대하여 구하는 것이 아닙니다. 대상처럼 구해서 우리 안에 소유하려 하기에 깨달음을 얻을 수가 없는 것입니다.

진정한 깨달음은 '됨'의 일입니다. 그렇기에 무아는 아는 깨달음이 아니라, 되는 깨달음입니다. 대승불교에서의 공(空) 역시 마찬가지입니다. 공을 제대로 깨닫기 위해선 나 자신이 철저한 공이 되어야 합니다. 나 자신의 실체를 고집하지 않고, 허공처럼 활연히 열릴 적에야 비로소 진리와 자연스레 만나는 것입니다.

진리는 이렇듯 앎의 문제가 아닌, 됨이자 체화의 일입니다. 그래서 진리와의 진정한 체화를 두고 계합(契合)이라 부르는 것입니다. 진정한 계합을 이루게 된다면 그것은 진정한 비움과도 같습니다. 이러한 비움으로 계합할 적에, 진리는 우리에게 특별한 보답을

줍니다.

그 보답은 바로 만법(萬法)입니다. 만법은 세상 전부이자 모든 경계입니다. 그렇기에 이를 다른 말로 천하(天下)라 부를 수도 있습니다. 진리와 하나가 된다면, 진리는 우리에게 천하라는 선물을 안겨주는 것입니다.

나의 일이 끝나면, 진여의 일이 시작된다

50
萬法齊觀 歸復自然
만법제관 귀복자연

만법이 다 현전함에
돌아감이 자연스럽도다.

"만법이 제관(齊觀)한다"는 일체의 법이 부처님 법, 곧 진리로 드러난다는 뜻입니다. 이것은 본래의 자성청정심으로 돌아갈 때 가능한 일입니다. 무아를 체득하여 나라는 실체가 떨어져 나간다면, 진리는 아무런 힘을 들이지 않고 원융자재함으로 구현됩니다.

그렇기에 다만 나라는 중심과 실체에서 확연히 벗어날 뿐입니다. 무아를 체화한 뒤의 일은 더 이상 나의 일이 아니기 때문입니다. 자성청점심, 즉 진여(眞如)가 나머지 연기의 일들을 도맡습니다. 그때부턴 유위로서 나의 일은 끝을 맺습니다. 그런 뒤 무위로서 진여의 일들이 자연스럽게 펼쳐지게 되는 것입니다.

간장 맛이 짠 줄 아는 것에 이유는 없다

51
泯其所以 不可方比
민기소이 불가방비

그 까닭을 없이 하여
견주어 비할 바가 없음이라.

"간장 맛이 짠 줄 알면 모두가 깨닫는다"라는 말이 있습니다. 간장 맛이 짠 줄 아는 것에 어떤 특별한 이유나 조건이 필요 없습니다. 모두가 그냥 압니다. 마찬가지로 하늘이 푸른 줄 알고, 바람이 시원한 줄 알고, 꽃이 향기로운 줄 아는 것에 그 어떤 이유도 필요 없습니다.

마찬가지입니다. 허공에는 존재의 이유가 있을까요? 눈앞은 특별한 이유로 존재할까요? 이유가 전혀 없습니다. 그러나 이유가 없다는 사실은 무척이나 중요합니다. 그것은 이유가 없는 까닭에 비로소 모든 존재의 이유가 될 수 있기 때문입니다. 다른 식으로 표현하자면, 근원이 비었기 때문에 모든 형태나 의미로 드러날 수 있는 것입니다.

보고 듣고 느끼고 생각하는 모두가 허공에서 아무런 이유도 필요 없이 여실하게 벌어지고 있습니다. 단지 간장이 짠 줄 알고, 하늘이 푸른 줄 압니다. 이유는 없습니다. 그 모두가 아무런 이유나 대가 없이 여실하게 펼쳐져 있습니다. 이것이 바로 허공과 눈앞의 무주상보시(無住相布施)입니다. 어떤 상(相)에도 머무는 바 없기에, 그 모두를 아낌없이 보시해줄 수 있는 것입니다. 만일 보시에 이유가 있다면, 이유 때문에 한계를 지닙니다. 오히려 이유가 없는 까닭에, 온갖 형태로 무량한 공덕을 나타낼 수 있습니다. 이것이 그 까닭이 없기 때문에 도리어 견주어 비할 바가 없는 도리입니다.

평등과 차별을 동시에 보고 쓴다

52
止動無動 動止無止
지동무동 동지무지

그치면서 움직이니 움직임이 없고
움직이면서 그치니 그침이 없나니

"그치면서 움직이지만 움직임이 없고, 움직이면서 그치지만 그침이 없다"는 이 구절은 그침과 움직임이 한통으로 들어서 있다는 뜻입니다. 비슷한 말로 '정중동 동중정(靜中動 動中靜)'이라는 표현이 있습니다. 모든 존재며 법에는 그침과 움직임, 이 둘이 원융하게 합쳐져 있다는 것입니다. 이는 불교에서 여러 다른 방식으로 표현됩니다. 지관(止觀), 체용(體用), 진공묘유(眞空妙有), 응무소주 이생기심(應無所住 以生其心), 공적영지(空寂靈知), 적적성성(寂寂惺惺) 등이 그렇습니다. 진리의 본체는 있는 그대로 머물러 항상하고 고요하지만, 그 외연의 작용은 인연에 맞게 묘하고도 활발발하게 드러나 있다는 것입니다.

이 구절을 두고 성철 스님은 움직임과 그침의 양변을 완전히 부정하면서 다시 두 법을 긍정하여 서로 융통자재하게 쓸 수 있는 중도정의(中道正義)라고 했습니다.

그러한 차원에서 진공은 평등법이고, 묘유를 차별법이라고 볼 수 있습니다. 그렇기에 세상의 모든 존재나 상황은 이런 평등법과 차별법을 동시에 지니고 있다고 볼 수 있습니다. 2007년 봉암사(鳳巖寺) 태고선원(太古禪院)에서 동안거를 날 때였습니다. 당시 정광(淨光) 선원장 스님은 기본선원 학인들에게 다음과 같은 법문을 해주었습니다.

"세상에는 평등법(平等法)과 차별법(差別法)이 있는데, 우리는 이 둘 모두를 동시에 두루 보아야 합니다. 한 측면만 절대적인 것으로 강조해서는 안됩니다. 예를 들어 '사람 위에 사람 없고 사람 아래 사람 없다' 이 말은 평등법을 드러낸 말입니다. 그러나 다른 한편으로 '사람이라고 사람이냐, 사람이어야 사람이다'라는 말도 있습니다. 이것은 차별법의 측면을 보여주고 있습니다. 말인즉슨 우리는 '사람으로서' 동등한 존재이기에 평등법을 이미 두루 갖추었지만, '사람이기에' 사람으로서 해야 할 원칙은 꼭 지켜서 해야 한다는 것입니다."

그렇기에 평등과 차별을 달리 표현한다면 원칙과 의무이기도 합니다. 그런데 어떤 사람들은 어느 하나의 가치만을 절대적인 것으로 여기고 이에 대한 주장만 하는 경우도 있습니다. 그러나 원칙만을 강요해서는 안 되고, 그렇다고 의무만이 전부라고 여겨서도 안 됩니다. 사람이란 그렇게 평등하면서도 차별이 있고, 의무를 따름이 다름에도 원칙으로선 동등한 존재이기 때문입니다. 이렇게 양변을 균형 있게 살피면서, 적재적소의 인연 따라 알맞게 분간하고 행동하는 것이 중요합니다. 그렇기에 바른 안목이라고 한다면 평등 안에서 차별을 보고, 차별의 가운데서도 평등을 지키는 것입니다. 둘을 동시에 보아야지 제대로 보는 것이고, 또한 인연에 맞게끔 제대로 쓸 수 있습니다.

거리낌 없이 두루 통하다

53
兩旣不成 一何有爾
양기불성 일하유이

둘이 이미 이루어지지 못하거니
하나인들 어찌 있을 건가.

법은 굳이 분류하자면 그침과 움직임, 진공과 묘유, 평등법과 차별법이라는 상반된 특성으로 나뉘게 됩니다. 그러나 이는 눈앞이라는 평등한 본체와 인연에 따른 차별적인 작용을 설명하기 위해 이렇게 둘로 나눈 것뿐입니다. 그렇기에 평등과 차별이 엄격히 나누어져 있고, 전혀 다른 반대의 것이라고 여겨서도 안 됩니다. 존재는 그 자체로 평등이면서 차별이고, 차별이면서도 평등이기 때문입니다.

애초부터 둘도 아니기에, 억지로 합쳐서 하나라 말할 수도 없습니다. 이 하나는 숫자로서 하나가 아니라, 존재 상태를 뜻하는 의미로서 하나이기 때문입니다. 차별과 평등을 고루 갖추며, 그침과 움직임이 동시에 구현되는 세상 모든 존재의 원융무애(圓融無碍)함, 이것이 바로 하나라고도 이를 수도 없는 그런 하나입니다.

새로 태어나려는 자, 세계를 부숴라

54
究竟窮極 不存軌則
구경궁극 부존궤칙

구경하고 궁극하여서
일정한 법칙이 있지 않음이요.

구경과 궁극의 진리에는 일정한 법칙이랄 게 없습니다. 왜냐하면 법칙이랄 게 없어야지, 비로소 모든 법들이 자유롭게 발현되는 이유 때문입니다. 만일 법칙이랄 게 있다면, 그 법칙은 자유를 제한합니다. 그리고 무상(無常)의 법칙에 따라, 어떤 정해진 법칙이랄 게 있다면, 그 법칙 자체도 끝내 변하고야 맙니다. 변하지 않는 것은 없습니다.

『금강경』은 궁극의 진리에 관해 "무유정법명아뇩다라삼먁삼보리(無有定法名阿耨多羅三藐三菩提)"라고 표현합니다. 이를 해석하자면, '아뇩다라삼먁삼보리, 즉 더 이상 위없는 최상의 깨달음이라고 이름 지을만한 그 어떤 정해진 법도 없다'는 뜻입니다. 이름을 짓는다거나, 혹 따로 정해진 바가 있다면 그것은 최상의 진리가 아닙니다. 오히려 이름으로 규정지을 수도 없고, 정해질 바도 없음이 최상의 진리가 될 수 있는 요건입니다. 그런데도 우리 중생들은 어떤 방식으로든 고정된 의미와 구역을 설정하고자 합니다. 만일 그런 의미와 구역 안으로 들어가게 된다면, 나라는 존재가 고착될 수 있습니다. 그러한 차원에서 '칼수좌'에 관한 이야기를 해보도록 하겠습니다.

2008년 동화사(桐華寺) 금당선원(金堂禪院)에서 동안거를 날 때였습니다. 다각실에서 차를 마시던 한 어른스님은 30여 년 전만 해도 선방이 지금과 같지 않았다고 말했습니다. 지금에는 묵묵하고도 성실하게 자기 정진에 몰두하는 수좌들이 많지만, 몇십 년 전까지만 해도 수좌들의 성품이 워낙 활발발하고 괴팍해서, 제멋대로 공부하는 스님들로 넘쳐났다는 것입니다. 그런 괴팍한 수좌 중의 한 사람이 바로 칼수좌였습니다.

칼수좌는 항상 가슴에 칼을 품고 다녔기에 칼수좌였습니다. 그런데 칼수좌가 다른 대중들과 같이 지대방에 앉아있을 때였다고 합니다. 칼수좌가 가슴에서 칼을 꺼내더니 본인 주변으로 네모난 구역을 그렸습니다. 그러고는 칼끝을 위로 치켜들고, 대중들을 쳐다보며 이렇게 경고했습니다.
"이 안으로 들어오기라도 한다면…. 알지?"
기행을 넘어선 칼수좌의 위협에 대중들은 어수선해졌습니다. 그러다 이 말을 전해 들은 한 큰스님이 칼수좌를 한달음에 찾아갔습니다. 칼수좌 앞에 선 큰스님은 이렇게 말했습니다.
"그래, 니가 칼수좌야? 그리고 그 안에 들어가면 그 칼로 사람을 찌르겠다고?"
칼수좌가 별 대꾸 없이 가만히 있으니, 큰스님은 그 자리에서 바로 옷을 벗었습니다. 그리고 실오라기 하나 걸치지 않은 알몸으로 칼수좌가 만든 구역 안으로 불쑥 들어갔습니다. 그러고는 칼수좌를 똑바로 쳐다보며 말했습니다.

"그래, 어디 한번 찔러봐라."

전혀 예상치 못한 큰스님의 반응에 칼수좌는 어쩔 줄 몰라 했습니다. 그렇게 당황한 칼수좌는 결국 자신이 만든 법칙의 구역에서 스스로 일어나 나가버렸습니다. 그러고는 걸망을 싸고 선원을 떠나고야 말았습니다.

그런데 칼수좌는 도대체 왜 칼을 품고 다녔을까요? 자기가 위협적인 사람인 걸 드러내고 싶어서? 사람들에게 겁을 주기 위해서? 혹 공부의 경계의 날카로움을 보여주기 위해서? 아닙니다. 그 어떤 것도 칼수좌의 성품이나 공부도 아닙니다.

칼수좌는 그냥 마음이 약한 사람이었습니다. 마음이 약하니 칼이라도 품고 다니면서 보여줘야지, 다른 사람들이 자신을 함부로 대하지 못할 것이라 생각한 것입니다.

그런데 특이한 사항은 바로 칼수좌가 만든 구역입니다. 자신 주변으로 만든 네모난 구역은 사실 상대방을 겁주기 위해 만든 구역이 아닙니다. 그것은 자기 자신을 지키고자 만든 구역입니다. 그 구역은 남에게 무시당하지 않고, 자기 존재감을 지켜가기 위한 자기만의 경계선이었던 것입니다.

큰스님은 칼수좌의 마음이 그리 약한 것을 미리부터 알고 있었습니다. 그래서 그 구역 안에 당신 스스로 옷을 벗고 들어갈 수 있었습니다. 칼수좌가 칼을 들고는 다녔지만, 사람을 찔러본 경험도 없을 것이었고, 또 사람을 찌른다고 하여도 피가 낭자한 모습을 아무렇지 않게 지켜볼 수 있는 배짱이 있는 사람도 아니었습니다. 그렇기에 그런 뜻밖의 대응을 접하고 난 뒤, 칼수좌는 자리에서 조용히 일어나 선원을 떠날 수밖에 없었던 것입니다.

진정으로 강한 사람은 무기를 가지고 다니지 않습니다. 오히려 빈손입니다. 빈손이지만 상황에 따라 모든 도구들을 무기로 써먹을 수 있습니다. 서양 액션 영화를 보면 주인공은 책상 위에 아무렇게나 놓인 볼펜 하나로 여러 적들을 제압합니다. 동양 무협 영화에서 무림의 최고수는 단지 기운만으로 사람들을 압도합니다. 이렇게 내공이 출중한 고수에게 무기는 오히려 거추장스러운 장비가 될 뿐입니다.

칼수좌는 자신을 지키기 위해 구역을 만들었습니다. 그러나 그 구역은 자기를 지키는 경계가 아니라, 사실상 자신을 가둬놓은 감옥이었습니다. 타인이 침범하지 못하게 만들어놓았다고 하지만, 실상 자신이 밖으로 나가지 못하게 만든 감옥이었습니다. 이런 볼품없는 감옥 하나 지키기 위해 쓰지도 못할 칼 하나 품고 다닌 사람이 바로 칼수좌였습니다. 칼수좌는 무서운 사람이 아닙니다. 자신을 지켜내기 위해 아등바등 애를 썼던, 그런 나약한 사람이었습니다.

돌이켜보면 칼수좌 뿐 아니라 우리 중생도 그러합니다. 칼수좌는 칼로 그은 조그만 영역 안에 갇혀 있지만, 중생은 몸과 생각이라는 감옥에 갇혀 있습니다. 이 귀한 몸, 이 나만의 생각을 고귀하게 여기며 어떻게든 지켜내려고 애씁니다. 이는 눈앞이라는 크나큰 집을 놔두고, 몸과 생각이라는 작은 집에 갇혀버린 것입니다. 그렇게 온갖 원칙과 생각으로 자신의 영역을 지키기 위해 벽을 쌓고 있는 것이 어쩌면 우리들의 모습입니다. 비록 칼수좌처럼 칼을 들고 다니지 않을 뿐, 우리가 몸과 생각에 갇힌다면 우리 역시 네모난 영역에 갇혀 사는 칼수좌와 다를 바 없습니다.

그러나 선지식은 우리가 집착하고 있는 요소들을 모조리 깨부수는 스승입니다. 다정한 말로 보듬어주고 격려해주는 것만이 자비가 아닙니다. 수행자가 붙들고 집착하는 대상들을 일시에 파악해 이를 없애주는 것 또한 선지식의 크나큰 자비입니다. 자신을 보호해주고 있다고 믿었던 영역이 실제로는 자신을 가둔 감옥임을 알고, 큰스님은 이를 철저히 부숴주는 자비를 보여준 것입니다. 이것은 마치 새가 알을 깨고 세상에 나오는 데 있어 어미새의 역할과 비슷합니다. 헤르만 헤세의 소설 『데미안』에는 다음과 같은 구절이 나옵니다.

새는 알에서 나오려고 싸운다.
알은 새의 세계다.
태어나려고 하는 자는 하나의 세계를 깨뜨리지 않으면 안 된다.

몸과 생각은 우리를 둘러싼 알껍데기며 하나의 세계입니다. 나를 보호해주지만 동시에 나를 가두는 세계입니다. 그러나 우리가 진정한 자신으로 다시 태어나기 위해서는 이 세계를 부수는 수밖에 없습니다. 이러한 상황에 선지식은 마치 어미새처럼 알껍데기를 부숴줍니다. 그러나 어떤 새는 새로운 세상을 맞이하기를 두려워하며 더욱 껍데기 속으로 숨어들 수도 있습니다. 마치 칼수좌처럼 말입니다. 하지만 새로운 세상을 맞이하기 위해서는 반드시 이 껍데기를 벗어던져야 합니다. 이것이 몸과 생각이라는 작은 틀을 벗어나, 거대한 세상을 맞이하기 위한 필수 관문입니다.

겉보기에 이는 하나의 껍데기가 깨지는 킬링처럼 보입니다. 하지만 실제로는 진정한 존재로 다시 힐링하기 위해 반드시 거칠 수밖에 없는 인고의 과정입니다. 이것이 대사각활(大死却活), 즉 크게 죽음으로써 도리어 살아나는 소식입니다. 이를 통해 우리는 한없이 커다란 본래의 세상을 맞이하게 됩니다. 이 본래의 세상은 우리가 항상 당면해왔고 떠난 바 없던 그 자리, 바로 '눈앞'입니다.

마음에 걸림 없다면 사람의 호시절이라

55
契心平等 所作俱息
계심평등 소작구식

마음에 계합하여 평등케 되어
짓고 짓는 바가 함께 쉬도다.

마음과 계합한다면 일체가 평등해집니다. 그리고 짓고 짓는바, 즉 능소(能所)와 주객(主客)이 모두 쉬어버립니다. 여기서 언급하는 마음은 중생심이나 분별심과 같은 작은 마음이 아닌, 진여 자성의 근본 마음입니다. 그리고 이 근본의 마음이 바로 허공이며 눈앞입니다. 『무문관(無門關)』제19칙에는 '평상시도(平常是道, 평상 이대로가 도)'라는 공안이 소개됩니다.

> 남전 선사에게 조주가 물었다.
> "어떤 것이 도(道)입니까?"
> 남전 선사가 말했다.
> "평소의 마음이 도이니라."
> 이에 조주가 다시 물었다.
> "향하여 다가설 수 있습니까?"
> 남전 선사가 말했다.
> "헤아려 향하면 곧 어긋나니라."
> 조주가 다시 물었다.
> "헤아리지 않는다면 어떻게 도라는 것을 알겠습니까?"
> 남전 선사가 말했다.
> "도는 아는 데에도 속하지 않고 모르는 데에도 속하지 않는다. 안다는 것은 망령된 깨달음이며, 모른다는 것은 깜깜하게 어두운 것이니라. 만약 참으로 헤아리지 않고 도에 사무친다면

태허(太虛)와 같이 가없이 환하게 트일 것이니, 어찌 굳이 옳으니 그르니 할 것인가?"
이에 조주가 단박에 크게 깨달았다.

조주 스님은 도에 다가서려 했고, 또한 헤아림으로 알려고 했습니다. 이것은 주객(主客)과 능소(能所)의 태도로 도를 대한 것입니다. 하지만 진정한 도는 아는 것도 모르는 것도 아니며, 다가서는 것도 멀어지는 것도 아닙니다. 오히려 그러한 태도를 완전히 멈춤으로써 도를 만날 수 있습니다. 이것이 바로 계합(契合)입니다. 이러한 계합은 개체나 실체가 무너지면서, 의도나 욕망이 사라지기에 가능해집니다. 그리하여 진정한 계합을 이룬다면, 남전 스님의 가르침대로 태허와 같이 환하게 트이게 될 것입니다. 이것이 진여 자성의 근본 마음과 계합하는 것입니다. 구름이 걷히면 본래 있던 햇살이 비추듯이, 다만 나라는 착각을 떠나면 진여 자성의 대광명이 걸림 없이 드러나는 것입니다.

진여 자성으로 복귀하면, 옳고 그름이나 취사선택이 더 이상 중요하지 않습니다. 옳음도 그름도 모두가 진여의 여실함으로 드러나기 때문입니다. 그러나 우리가 몸과 생각에 갇혀 있다면 능소와 주객의 관념에 의해 끊임없이 괴로움에 시달리게 될 것입니다. 하지만 눈앞이라는 환히 열린 허공의 자리로 반본환원(返本還原)할 수 있다면, 이 세상은 있는 그대로 여실한 진리로 나타나게 됩니다.

그렇기에 무문 스님은 이러한 송(頌)을 남겼습니다.

> 봄에는 갖가지 꽃, 가을에는 달,
> 여름에는 맑은 바람, 겨울에는 눈이라
> 마음에 걸림 없이 한가롭다면
> 이야말로 사람의 호시절이라.

사람의 호시절은 이미 눈앞으로 완전하게 펼쳐져 있습니다. 하지만 나라는 착각에 매여, 몸과 생각이라는 감옥에 갇혀, 온전하게 펼쳐져 있는 이 눈앞이라는 진실을 저버리는 것뿐입니다.

구름이 걷히면 태양은 자연스럽게 빛난다

56
狐疑淨盡 正信調直
호의정진 정신조직

여우 같은 의심이 다하여 맑아지면
바른 믿음이 고루 발라지며

한 해가 마무리될 시점에 뉴스에는 으레 '올해의 사자성어'가 발표되곤 합니다. 매해 12월쯤에 『교수신문』 주관으로 전국의 대학교 교수들에게 설문조사를 진행하는데, 그 해를 상징하는 대표적인 사자성어를 선정해 일간지에 발표하는 것입니다. 2017년도에는 '파사현정(破邪顯正)'이 올해의 사자성어로 선정된 바 있습니다.

파사현정은 '삿됨을 깨부수고 바름을 드러낸다'는 뜻입니다. 일반적인 해석으로는 옳습니다. 그러나 깨달음과 진리의 차원에서는 적절하지 않습니다. 과연 삿됨과 바름이 따로 정해질 수 있는가, 그리고 깨부수고 드러냄의 과정이 옳은 것인가의 논의가 생길 수 있기 때문입니다. 그리고 이 해석이 잘못된 또 다른 이유는 삿됨을 부숨과 바름을 드러냄이, 마치 선후의 다른 과제처럼 제시되었다는 점입니다. 과연 삿됨을 부순 뒤에 별도로 바름을 드러내야 하는 과정이 필요할까요? 진리의 차원에서 그렇지는 않습니다. 삿됨을 부순다면 바름은 자연스럽게 드러나기 때문입니다. 앞서 살펴본 『신심명』의 한 구절도 다음과 같습니다.

> 참됨을 구하려 하지 말고
> 오직 망령된 견해만 쉴지니라.

오직 망령된 견해만 쉰다면 참됨은 자연스럽게 드러납니다. 그래서 성철 스님은 '구름이 걷히면 태양이 빛나듯 태양을 따로 찾으려

하지 말고 망상의 구름만 걷어 버리면 된다'고 말한 것입니다. 일체중생은 이미 부처의 진여 자성을 갖추고 있습니다. 그렇기에 다만 망령된 견해만 쉰다면 진여 자성은 고스란히 드러나게 됩니다. 진여 자성을 따로 찾거나 얻는 것이 아닌 것입니다. 왜냐하면 진여 자성은 다름 아닌 우리의 눈앞으로 온전하게 자리해 있기 때문입니다.

눈앞은 우리가 얻을 수 있는 것이 아닙니다. 이미 얻은 것이기 때문입니다. 찾을 수 있는 것도 아닙니다. 이미 눈앞으로 살아가고 있기 때문입니다. 하지만 우리는 눈앞을 제대로 얻거나 찾지 못했습니다. 우리가 나라는 착각 혹은 나라는 감옥에 갇혀 살기 때문입니다. 그래서 눈앞을 이미 얻었음에도, 눈앞을 제대로 누리지 못하고 사는 것입니다.

우리는 본래 눈앞으로서 완벽한 존재입니다. 그렇기에 본래성불(本來成佛)입니다. 다만 나에 붙은 상(相)에 갇혀 살면서 본래 있는 눈앞을 여의고 살아가고 있는 것입니다. 그래서 우리가 마음을 비우고 수행을 여실하게 해나가다 보면, 눈앞이라는 진여 자성과 홀연히 만나게 될 인연이 찾아오기도 합니다.

한술 밥에 배부른 경우는 없습니다. 중생으로 살아온 오래된 업습 때문에, 나라는 실체에 갇혀 산 관성 때문에, 눈앞을 일별(一瞥, 한 번 홀끗 봄)하고도 제대로 체화하지는 못합니다. 그렇기에 체화에도 연습이 필요합니다. 수행을 통한 연습을 계속하면서 우리는 눈앞과의 만남을 밀도 깊게 바꿔 갈 수 있습니다. 그리하여 완벽한 계합에 이른다면, 그때부턴 온전히 눈앞으로 살게 됩니다. 상(相)이 떨어진 나라는 존재를 부리며, 그렇게 눈앞으로 자유롭게 살아가는 것입니다.

여우 같은 의심은 나라는 실체에 갇혀 있을 때의 일입니다. 그러나 의심마저도 다하고 눈앞과 제대로 만나게 된다면, 나중에는 바른 믿음이 온전하게 드러나게 됩니다. 즉 의심만 거둘 뿐, 바른 믿음을 찾기 위해 별다른 노력이 필요한 것은 아닙니다.

그러할 때 바른 믿음은 내가 가지는 것 또한 아닙니다. 진정으로 깨닫게 되면, 바른 믿음이 눈앞의 삶으로 드러나기 때문입니다. 이렇듯 나의 의심이 사라질 때, 믿음은 더 이상 나의 일이 아니게 됩니다. 바른 믿음이란 진여 자성이 눈앞의 여러 경계들을 통해 자연스럽게 증명해주는 일체인 것입니다.

여름의 맑은 바람과 겨울의 차가운 눈, 이것이 바른 믿음입니다.

다만 두 다리 쭉 펴고 낮잠을 잔다

57
一切不留 無可記憶
일체불류 무가기억

일체가 머물지 않아
기억할 아무것도 없도다.

눈앞에서 모든 인연들이 제각기 상황에 맞게끔 여실하게 돌아가고 있습니다. 진여 자성이 각각의 인연에 맞게끔 여러 모습으로 현전하고 있습니다. 그렇기에 어느 것도 붙잡거나 기억할 필요가 없습니다. 붙잡고 집착하는 것은 나의 일입니다. 다만 나의 일이 제대로 멈춰질 뿐입니다. 그러면 그때부터는 진여 자성의 일이 모든 인연에 순응하여 진리로서 분명하게 펼쳐지게 됩니다.

협산선회(夾山善會) 스님은 깨달음을 얻지 못해 자신의 처지를 한탄하는 제자에게 다음과 같은 게송을 일러준 바 있습니다.

명명무오법(明明無悟法)
오법각미인(悟法却迷人)
장서양각수(長舒兩脚睡)
무위역무진(無爲亦無眞)

분명하고 분명하여 깨달을 법 없는데
깨닫는다 하여 도리어 사람을 미혹케 하는구나.
두 다리 쭉 펴고 잠이나 잘 것이니
거짓도 없고 참됨도 없구나.

우리가 깨달음을 구한다 하지만, 사실 이것도 진리의 본분상에서 보면 여전히 나의 집착입니다. 다만 나의 일이 온전히 멈춰질 뿐입니다. 나의 일이 제대로 멈춰질 때야 비로소 깨달음이 들어설 수 있기 때문입니다. 그리하여 제대로 깨닫는다면, 그때부턴 나의 일이 아닌 진여 자성의 일로 넘어가게 됩니다. 그렇기에 협산 스님은 두 다리 쭉 펴고 낮잠을 잘 뿐이라 이야기합니다. 진여 자성은 이미 분명하게 진리를 내보였습니다. 그렇게 쭉 뻗은 두 다리에서 진리의 낱낱 면모가 분명하게 드러났습니다. 진리는 이러함으로 완성되었습니다.

그러나 여전히 구도심(求道心)에 헐떡이는 제자는 협산 스님의 무심하고 편안한 경지를 부러워할 것입니다. 진정한 깨달음은 얻을 수 있는 것이 아닌데도, 구하려는 그 마음을 쉬지 못하기 때문에 진리와 더더욱 만나지 못합니다. 그렇게 어리석은 제자는 다른 것에서 진리를 찾아 나섭니다. 이처럼 명명백백하게 뻗은 자신의 두 다리를 놔두고, 좀 더 그럴듯해 보이는 신비의 진리를 찾아서 온 세상을 헤매고 있는 것입니다.

등불을 끄면 달빛을 얻는다

58
虛明自照 不勞心力
허명자조 불로심력

허허로이 밝아 스스로 비추나니
애써 마음 쓸 일 아니로다.

의정부 망월사(望月寺)에서 안거 정진을 할 때였습니다. 당시에 저는 안거 대중으로서 봄가을에 있는 영산전 철야 기도에 참여하게 되었습니다. 기도가 시작되기 하루 전, 서울에서 일정을 보고 다소 늦은 시간에 도봉산을 오르게 되었습니다. 밤 산행이기에 랜턴이 필요했지만, 당시 헤드 랜턴도 없었고 핸드폰 배터리도 거의 방전된 상태였습니다. 그래서 조금 걱정했지만 실제로 산행을 해보니 기우(杞憂)였습니다. 아무리 밤이어도 망월사에 올라가기까지 큰 무리가 없다는 사실을 알게 된 것입니다. 그건 바로 달빛 때문이었습니다. 이미 달빛만으로도 주변은 충분히 밝았던 것입니다.

밤 산행을 하며 이런 생각을 했습니다. 수행이란 어찌 보면 내가 가지고 있는 등불을 차츰차츰 끄는 행위입니다. 등불을 가지고 있다면, 등불 주변은 밝아지게 됩니다. 그러나 문제가 있습니다. 내 등불이 밝히는 좁은 영역을 제외하고 나머지 영역은 상대적으로 어두워지게 된다는 점입니다.

내가 가진 등불이라는 것은 어찌 보면 사람과 세상을 바라보는 나의 틀이며 관점입니다. 내가 특정한 틀을 지니게 된다면, 우리는 고작 코앞에 있는 조그만 영역만 밝힐 뿐입니다. 그러면서 그 영역이 전부인 양 살게 될 가능성이 큽니다. 마치 자기 주변의 네모난 영역을 만들고, 그 안에 갇혀버린 칼수좌처럼 말입니다.

하지만 나의 등불을 스스로 끌 수만 있다면, 우리는 달빛이라는 거대한 등불을 얻게 됩니다. 나라는 실체, 내가 가지는 관점, 나의 틀을 벗어날 수만 있다면, 달빛과 같이 우리에게 본래 주어진 진여 자성의 무궁무진한 대용을 얻게 되는 것입니다.

달빛은 아무런 의도나 목적 없이, 그렇게 허허로이 밝아 모두를 비춥니다. 다만 나의 등불을 끌 뿐입니다. 그러면 우리는 허공 전체를 밝히는 커다란 달빛을 얻게 된다는 것입니다. 나라는 작은 집에 갇혀 등불에 의지하며 살 것인가. 아니면 눈앞이라는 큰 집에서 달빛을 벗 삼아 살아갈 것인가. 스스로의 선택을 돌이켜볼 일입니다.

다만 나를 둘러싼 관념만 거두어낼 뿐

59
非思量處 識情難測
비사량처 식정난측

생각으로 헤아릴 곳 아님이라
의식과 망정으론 측량키 어렵도다.

눈앞이라는 대도(大道)는 생각으로 아는 대상이 아닙니다. 아상(我相)이 무너지는 지난(至難)한 과정을 거치며 비로소 제대로 만날 수 있는 눈앞이기 때문입니다. 이러한 과정이 바로 체화(體化)이고 계합(契合)입니다. 그리고 완벽한 체화가 이루어지면, 나라는 존재는 더 이상 세상의 중심이며 실체가 아닙니다. 나라는 존재 역시 대도가 인연에 맞게끔 여실하게 드러나게 되는 하나의 중요한 통로가 되는 것입니다. 그렇기에 우리는 아상을 거두어내야 한다고 말합니다. 하지만 분명히 알아야 합니다. 거두어내야 할 것은 나[我]를 둘러싼 관념과 실체화의 상(相)이지 나[我]인 것은 아닙니다. 나는 소중합니다. 왜냐하면 그 모든 진리가 나를 통해서 구현되는 까닭입니다.

그러나 이러한 깨달음은 생각으로 무르익지 않습니다. 내가 수행을 통해 몸소 겪어보면서 얻게 되는 증험(證驗, 사실을 경험함 또는 증거로 삼을 만한 경험)의 영역에 있기 때문입니다. 증험을 통해서 우리의 깨달음은 점차로 튼실해지고 안정감을 얻습니다. 그리고 이를 기반으로 사람과 세상을 만나며 자기만의 살림살이를 갖출 수 있게 됩니다. 이것이 온전한 자신으로 이 세상을 살아가는 방법입니다.

법에는 차별이 없지만, 사람에게는 차이가 있다

60
眞如法界 無他無自
진여법계 무타무자

바로 깨친 진여의 법계에는
남도 없고 나도 없음이라.

이 구절의 원문에는 진여법계라고 서술되어 있습니다. 하지만 성철 스님의 해석본에는 '바로 깨친 진여법계'라 하여 '바로 깨친'이라는 뜻이 추가되어 있습니다. '바로 깨친'은 사실 성철 스님이 주창한 '돈오돈수(頓悟頓修)'에서의 '돈오(頓悟)'를 뜻합니다. 진여법계는 돈오로서 드러남을 강조하기 위해 이렇게 풀이한 것입니다.

돈오점수(頓悟漸修)인가 아니면 돈오돈수(頓悟頓修)인가에 대한 논쟁이 불교계에서 수십 년 전부터 틈틈이 벌어졌습니다. 이는 '돈오(頓悟)', 즉 '단박에 깨달음'을 얻은 후에도 이 깨달음을 온전케 하기 위한 수행을 차근차근 이어가는 것인가 아니면 깨침과 동시에 수행을 단박에 해 마치는 것인가의 논쟁이었습니다. 그럼, 여기에서 한 수좌스님과 성철 스님의 대화를 소개해보도록 하겠습니다.

수좌스님이 출가 전인 대학생 시절, 성철 스님을 직접 친견한 적이 있다고 합니다. 당시 전국에서 모인 대학생 불자들이 성철 스님의 법문을 듣고 문답도 진행했습니다. 그러던 와중, 성철 스님이 학생들에게 각자 무슨 화두를 들며 수행하고 있는지 물었습니다. 다들 '이뭣고[是甚麼]', '조주무자(趙州無字)', '판치생모(板齒生毛)', '부모미생전본래면목(父母未生前本來面目)' 등의 화두를 꺼내 들었습니다. 그런데 이 수좌스님은 성철 스님에게 전혀 다른 대답을 했습니다.

"스님, 저는 수행하고 있지 않습니다."

성철 스님이 이를 기이하게 듣고 물었습니다.

"그럼 너는 화두 수행하지 않고 뭐 하고 있는고?"

"네! 저는 수행이 아니라, 수행하기 위한 연습을 하고 있습니다!"

이에 성철 스님이 잠시 생각하더니, 도리어 반색하며 말했습니다.

"맞다, 맞다…. 니들은 하고 있는 건 수행이 아니지. 진짜 수행이 아니란 말이다. 수행 연습이라고 하는 게 되려 맞는 게지…."

진정한 수행은 안목이 열리고 난 뒤부터 시작됩니다. 그전까지는 진짜 수행이 아니고, 수행 연습이랄 수 있습니다. 그만큼 진정한 수행은 마음을 여는 한 관문을 넘어서부터 할 수 있는 것입니다. 육조혜능(六祖慧能) 스님의 가르침을 따르자면, '무수지수(無修之修)', 즉 '닦음이 없는 닦음'에 이르러서야 비로소 진짜 수행이 시작되는 것입니다. 그렇다면 많은 분들이 의문을 가질 것입니다. 수행 자체가 닦는 행위를 뜻하는데 어떻게 '닦음이 없는 닦음'이 가능한지 말입니다.

선원에서 정진하다 보면 흔히 듣는 말로 '헛애'가 있습니다. '애는 애인데, 보람 없이 쓰는 애'라는 의미에서 헛애입니다. 우리가 수행을 한다고 하지만 처음부터 수행이 실답게 이어지지는 않습니다. 화두를 잡으려고 애를 쓰지만, 망상이 치성하고 졸음에 빠져서, 화두를 순일하게 잡기가 힘듭니다. 그러나 그렇게 애쓰고 애쓰다 보면, 그 수행에 점차 익숙해지고 화두 참구가 점차 자리를 잡기 시작합니다. 그렇게 애도 쓰고 용도 쓰다 보면, 이전까지 힘들이며 억지로 했던 노력이 어느 순간, 힘이 들지 않으며 자연스럽게 이어지기도 합니다. 『서장(書狀)』을 저술한 대혜(大慧) 스님은 이를 두고 "생력처(省力處)가 곧 득력처(得力處)"라 하였습니다. 즉 '힘을 더는 곳에서 곧 힘을 얻게 된다'는 것입니다. 그렇게 헛애를 쓰며 고생하다가도, 나중에 그 애를 덜게 되는데, 오히려 그곳에서 공부의 힘을 얻게 된다는 것입니다.

노력하고 애쓰는 수행은 물론 가상합니다. 하지만 진리의 본분에서 보면 이는 어쩔 수 없이 유위이며, 억지이고, 헛된 수행입니다. 그러나 진리로부터 홀연히 멀어진 중생의 삶을 사는 우리가, 그러한 헛애라도 열심히 썼던 이유 때문에라도, 도리어 헛애를 덜 수 있게 됩니다.

수많은 전생 동안 수행의 공덕을 쌓아온 부처님도 6년간 고행과 선정이라는 수행을 했습니다. 하지만 깨달음의 마지막 순간에는 고행이나 선정, 그 어느 것에도 집착하지 않고 보리수 아래에 앉았습니다. '어떤 의미'로는 부처님도 6년간 헛애를 썼다고 할 수 있습니다. 이렇게 보자면 헛애는 붙들기 위한 애가 아닙니다. 종국에는 벗어나기 위해 반드시 거칠 수밖에 없는 애라는 차원에서 헛애의 묘미가 있습니다.

그렇습니다. 헛애를 쓰지 않고서야 어떻게 헛애에서 벗어날 수가 있겠습니까. 그렇게 헛애에서 벗어나 유위의 노력이 멈춰지는 곳에서부터 비로소 진정한 수행이 시작됩니다. 그것이 바로 '애쓰면서도 애쓰지 않고', '닦으면서도 닦은 바가 없고', '닦을 바가 없음으로 오히려 닦는' 무수지수(無修之修)의 도리입니다. 그리고 이런 무수지수의 묘한 닦음이야말로 진정한 닦음의 시작이 되는 것입니다.

그런데 이런 '닦을 바 없음으로 닦는' 무수지수는 결코 쉽지 않습니다. 모든 인위적인 노력과 애씀, 헛애가 모두 쉬어진 자리에서 비로소 무수지수가 나오기 때문입니다. 성품을 한 번 일별(一瞥)하는 초견(初見) 수준에서는 이를 언뜻 짐작만 할 뿐입니다. 무수지수가 제대로 자리 잡히고 체화되기 위해서는 깨달음의 깊이도 상당해야 합니다.

그런데 많은 조사 선지식들이 단번에 완전한 깨달음으로 들어선 것은 아닙니다. 오히려 깨달음을 여러 번 치르기도 하고, 또 점진적인 수행을 거치며 깨달음이 깊어지게 되는 일도 빈번했습니다. 대혜 스님도 정진하면서 큰 깨달음은 세 번, 작은 깨달음은 수도 없이 있었다고 합니다. 이 밖에 여러 선사들도 중복의 깨달음을 통해 안목을 더욱 크게 넓히기도 했습니다. 그런데 왜 선사들에게 이런 복수의 깨달음이 있는 것이지, 또한 안목이 달라지는지에 관한 명확한 이유가 있습니다.

그것은 깨달음이 사람을 통해서 발현되기 때문입니다. 법과 진리는 그 자체로 완전무결하여, 오점이나 그릇된 바가 없습니다. 법과 진리에는 어떤 인위적인 조작이나 변화가 있을 수 없는 것입니다. 하지만 사람은 다릅니다. 사람에는 근기와 수준이라는 차이가 엄격히 존재합니다.

선문(禪門)에서는 수행자의 근기를 법기(法器), 즉 '법을 담는 그릇'에 비유합니다. 법에는 어떤 차별도 없으나, 그 법을 담는 그릇에는 차별도 있고 특성 또한 있는 법입니다. 그렇기에 혜능 스님은 "법에는 돈점(頓漸)이 없으나 사람에는 영리하고 우둔함이 있다"고 말한 것입니다. 그렇기에 미혹한 이는 점차로 계합하고, 깨친 이는 단박에 닦습니다.

진리 그 자체에는 돈점도, 깊이도, 선후도, 득실도 없습니다. 그 어떤 차별이나 분별이 존재할 수 없습니다. 그래야만 진정한 의미의 진리이고 깨달음입니다. 하지만 사람은 다릅니다. 법에는 어떤 차별이 없겠지만 사람에게는 각자마다의 차이가 존재합니다. 혜능 스님은 영리하고 우둔한 사람이 있다고 했지만, 이것은 머리가 좋고 나쁜 의미가 아닙니다. 그렇다면 지금의 고학력자와 과거의 사대부들은 모두 성불했어야 합니다. 하지만 혜능 스님은 글을 읽지 못하는 문맹이었지만 드높은 깨달음에 도달했습니다. 그 누구보다 마음을 활연히 열고, 그 마음에 환히 밝았기 때문입니다. 그래서 누구를 만나든 거침없고 분명하게 법을 설할 수 있었습니다.

이로 보자면 영리하고 우둔함이라는 것은 학식의 유무를 뜻하지 않습니다. 이보다 마음이 어느 정도 환히 열려 있는가의 차이라고 볼 수 있습니다. 분별심과 차별심에 물들지 않고 진리와 법을 온전하게 담을 수 있을 정도로 마음이 말끔하게 비어 있다면, 법 또한 온전하게 담기며 드러납니다. 그러나 사람마다 마음 그릇의 크기며 비워놓은 정도에는 차이가 있습니다. 그래서 마음이 미혹하면 점차로 닦아서 비우고, 마음 그릇을 키우는 과정도 거치게 되는 것입니다. 반면 제대로 깨친다면 단박에 모두를 닦게 됩니다. 단박에 남김없이 깨쳐서, 닦을 여지마저도 남지 않게 되는 깨달음과 수행, 이것이 돈오돈수(頓悟頓修)인 것입니다.

앞서 사람의 마음을 그릇에 비유했지만, 사실 그것은 점차적으로 마음을 닦는 과정을 설명하기 위한 비유입니다. 그러나 단박에 깨치고 단박에 닦는 것은, 이런 그릇이라는 비유 자체가 애초부터 성립되지 않습니다. 왜냐하면 돈오돈수(頓悟頓修)에는 그릇이라는 개념마저 들어설 여지도 없기 때문입니다. 그릇이라는 관념마저 완전히 깨져버려, 마음의 모양이나 속성을 비유할 만한 그 어떤 틀마저도 남지 않은 것입니다. 그런데 그렇게 그릇마저 완전히 사라져 버린다면 과연 이 세상에서 영영 사라져 버리는 것일까요? 아닙니다. 곧장 눈앞과 환히 만나게 됩니다. 곧장 허공 전체와 남김없이 하나가 됩니다. 이것이 바로 영리하고 근기가 뛰어난 사람의 수행과 깨달음인 것입니다.

이것은 또한 백척간두에서 한 걸음 더 나아가는 소식과도 관련이 있습니다. 과연 깨달음의 최정상이랄 수 있는 백척간두에서 한 걸음 나아간다면 무슨 일이 벌어질까요? 나라는 존재가 백척간두에서 떨어지니 죽게 되는 것일까요? 그런 일은 없습니다. 그것은 나라는 상(相)을 여전히 붙들고 있을 때의 생각입니다. 이런 상마저도 완전히 벗어날 적에 백척간두에서 한 걸음 더 나아간 깨달음의 삶은 우리의 상식과 전혀 다른 방식으로 펼쳐지게 됩니다.

그것은 바로 허공을 거닐게 되는 것입니다. 낱낱이 분명한 허공의 걸음을 경계경계로 자유로이 걷게 되는 것입니다.

돈오점수(頓悟漸修)와 돈오돈수(頓悟頓修)에서의 돈오(頓悟)는 같은 단어이되, 서로 다른 차원에 있습니다. 깨달음의 깊이 측면에서는 결코 같지 않습니다. 점수에서의 돈오는 아직 순숙하지 못한 일별(一瞥) 혹은 초견(初見) 수준의 돈오입니다. 하지만 돈수에서의 돈오는 완전한 깨달음, 즉 구경각입니다. 비록 글자로서는 같은 돈오이지만, 깨달음을 체화하는 수준에서는 결코 같지 않은 돈오인 것입니다.

그러므로 돈오점수(頓悟漸修)와 돈오돈수(頓悟頓修)의 수행은 각기 다른 방식으로 이해하는 것이 좋습니다. 마음 그릇이 아직 작고 제대로 비워지지 않았다면, 점수를 통해서 깨달음을 점차로 깊고 크게 확장해 가는 수행, 이것이 돈오점수입니다. 이는 우리처럼 근기가 낮은 중생들을 위한 수행법이랄 수 있습니다. 하지만 근기가 뛰어난 선사들과 부처님의 깨달음은 돈오돈수입니다. 마음 그릇이라고 부를 만한 그 어떤 여지마저 완전히 사라져버렸기에, 깨달음과 동시에 눈앞을 완전하게 체화합니다. 이것이 닦음의 여지마저도 완전하게 사라지는 돈오돈수의 깨달음인 것입니다.

부처님이 문득 새벽별을 보고 완전한 구경각을 성취한 것이나, 혜능 스님이 홍인(弘忍) 스님으로부터 야밤에 '응무소주 이생기심(應無所住 以生其心)'이라는 가르침을 듣고 활연대오한 것은 돈오돈수입니다. 부처님이나 혜능 스님은 처음부터 완벽하게 깨달았기 때문에 더 이상 수행해야 할 여지가 남지 않았습니다.

하지만 눈앞으로 계합하는 밀도가 부족하여 정화할 여지가 남아 있는 경우, 돈오점수의 과정을 거치게 됩니다. 그렇기에 돈오점수(頓悟漸修)와 돈오돈수(頓悟頓修)는 어떤 수행과 깨달음이 옳거나 그른 문제가 아닙니다. 혜능 스님이 말했듯, 사람의 근기에 따라 다르게 나타나는 깨달음의 체화 방식이라고 이해하는 것이 좋습니다.

졸리면 하품하고 피곤하면 누워 쉰다

61
要急相應 唯言不二
요급상응 유언불이

재빨리 상응코자 하거든
둘 아님을 말할 뿐이로다.

불이법(不二法)은 말 그대로 '둘이 아닌 진리'입니다. 여기에서 둘은 증애, 시비, 선악, 자타와 같은 모든 대립과 분별이라고 말할 수 있습니다. 모든 분별의 양상이나 관념이 사라지는 도리가 바로 불이법입니다. 그럼 여기에서 모든 분별이 사라지게 되었으니, 무분별을 유지해야 한다고 생각할 수도 있습니다. 모든 분별과 대립을 초월한 무분별의 진리를 얻었으니, 분별에 얽매이지 말고 무분별을 구현하는 것이야말로 진정한 깨달음의 삶이라고 생각하는 것입니다.

그러나 진정한 불이법은 분별과 무분별의 대립이나 취사마저도 허용치 않습니다. 중생을 버리고 부처가 된다거나, 번뇌를 여의고 지혜를 얻는다거나, 세간을 떠나서 출세간을 지향하는 것이 아닙니다. 불이법은 모든 분별과 무분별을 구분 지을만한 미세한 여지나 욕망마저도 완전히 소멸되어, 드러난 그대로가 이미 완벽한 진리로 나타나는 소식입니다.

그렇기에 중생을 버리고 부처가 되는 게 아닙니다. 중생의 일을 떠나지 않았는데, 이미 부처를 낱낱이 구현하고 있음이 명백하게 확인되는 소식입니다. 마찬가지로 번뇌를 여의고 지혜를 얻는 것도 아닙니다. 번뇌를 버린 적이 없는데도, 이미 완벽한 지혜를 인연에 맞게 부리고 있음이 분명하게 드러나는 묘리입니다. 또한 세간을 떠나 출세간을 지향하는 것도 아닙니다. 세간을 떠나지도 않았는데, 이미 출세간의 진리가 눈앞으로 현전하며 드러나는 자리입니다.

불이법은 너와 나라는 개체를 강제로 회통시켜 하나라고 주장하는 억지가 아닙니다. 개체와 실체에 대한 착각을 완연히 벗어나면서 진정한 불이법에 도달하기 때문입니다. 근거는 바로 무아(無我)에 있습니다. 무아의 진리에 상응하여, 모든 존재의 고정된 실체성이 사라짐으로써 불이법은 자연스레 구현됩니다. 그렇기에 무아에 근거를 둔 불이법에 통달하게 된다면, 우리는 이미 모든 방식으로 드러난 진리와 분명하고도 진실하게 상응하게 됩니다. 이러한 불이의 진리가 구현되는 삶을 임제(臨濟) 스님은 다음과 같이 말합니다.

> "불법에는 애써 노력할 것이 없다. 다만 평상(平常)하여 일 없을 뿐이다. 똥 누고 오줌 누며, 옷 입고 밥 먹으며, 피곤하면 누워 쉰다. 어리석은 사람은 나를 비웃겠지만, 지혜로운 사람이라면 알 것이다."

만일 내가 개체나 실체로서 존재하면서 임제 스님의 말을 겉으로만 새긴다면 "배고프면 밥 먹고, 피곤하면 쉬는 것이 진리다"라고 주장할 수도 있습니다. 그러나 이러한 주장은 틀렸습니다. 임제 스님의 가르침에서 가장 중요하게 다뤄야 할 단어가 있는데, 이를 경시했기 때문입니다. 그 단어는 바로 '평상(平常)'입니다.

평상은 모든 대립과 차별이 완벽하게 끊기면서, 한결같은 경계가 눈앞으로 여실하게 펼쳐지는 상태입니다. 평상은 무아(無我)를 체득하여 고정된 실체로서의 속성이 완전하게 소멸하게 될 적에 드러나는 경계입니다. 그러할 적에야 비로소 중생을 떠나지 않고도 부처를 온전하게 구현하는 소식이 드러나게 됩니다. 모든 인위적인 노력이 멈춰지면서 진리가 자연스럽게 펼쳐집니다. 그것이 바로 임제 스님이 말하는 똥 누고 오줌 누는 것이며, 밥 먹고 자는 소식입니다. 외형으로 드러난 모습과 경계를 따라 한다고 진리가 구현되는 것이 아닙니다. 다만 모든 일의 근본이 되는 나라는 실체성을 완연하게 벗어날 뿐입니다. 그렇게 나에게서 완연하게 벗어난 만큼, 불법은 자연스러움으로 드러나는 것입니다.

창문을 열면 곧장 청산이다

62
不二皆同 無不包容
불이개동 무불포용

둘 아님은 모두가 같아서
포용하지 않음이 없나니

불이(不二)는 실체성으로서의 둘이 사라지는 것이고, 또 모든 대립과 분별이 허물어짐을 뜻합니다. 그런데 이렇게 실체성이 사라진다 해서 아무것도 남지 않는다고 생각해서는 안 됩니다. 실체가 사라지기에, 오히려 눈앞과 허공이라는 거대한 실체 없음의 근원과 제대로 조우할 수 있습니다. 이것이 계합입니다. 그 근간에는 실체랄 것이 아무것도 없지만, 이미 세상과 우주 모두를 품고 있는 진공묘유(眞空妙有)의 묘리가 동시에 펼쳐지게 됩니다.

만일 우리가 무언가를 얻는다면, 결국에는 그것을 잃는 일만이 남아 있을 것입니다. 이것이 무상(無常)의 진리입니다. 하지만 얻을 수 없는 것을 얻는다면 그땐 다릅니다. 얻음도 얻고 동시에 잃음도 얻습니다. 뿐만 아닙니다. 옳음도 얻고 그름도 얻습니다. 미움도 얻고 좋음도 얻습니다. 나도 얻고 남도 얻습니다. 이것이 불이의 도리를 체현하며, 종국에는 얻은 바 없이 그 모두를 얻는 궁극의 소식입니다.

무문혜개(無門慧開) 스님이 저술한 『무문관(無門關)』에는 48개의 고칙 공안이 소개되고 있습니다. 그런데 이 공안들이 제시하는 관문을 뚫기 위해서는 반드시 해결해야 하는 과제가 있습니다. 바로 무심(無心)입니다. 생각을 내용으로 하는 유심(有心)이 아닌, 생각의 자취마저도 사라진 무심에 이르러서야, 이 풀릴 바 없는 고칙의 공안들이 스스로 힘을 잃고 풀려버리기 때문입니다.

이것은 또한 무문(無門)의 도리이기도 합니다. 이 문은 문인데, 보통의 문이 아닙니다. 왜냐하면 문이 없기 때문입니다. 그래서 찾을 수 없는 문입니다. 그럼에도 이 문 없는 문을 열어 젖혀야지 비로소 제대로 문을 여는 것이고, 또한 무문의 관문을 통과하게 됩니다. 문 없는 문을 여는 것, 이것이 공안 참구의 이를 데 없는 묘미입니다. 그렇게 문 없는 문을 열기 위한 하나의 힌트로 한암(漢巖) 선사의 이야기를 소개하고자 합니다.

일본 조동종의 관장을 역임하고 경성제국대학의 교수였던 사토(佐藤) 화상이 어느 날엔가 한암 선사를 만나기 위해 오대산 상원사에 방문한 적이 있었습니다. 한암 선사에게 인사를 드린 후 사토 화상은 다음과 같은 질문을 했습니다.
"청정본연(清淨本然) 운하홀생산하대지(云何忽生山河大地)오?"
이는 '불성은 본래 청정한 것인데, 어찌하여 홀연히 산하대지가 생겨나게 되었습니까?'라는 질문이었습니다. 사토 화상의 질문에 한암 선사는 아무 말도 하지 않았습니다. 그저 자리에서 일어나 방안에 있던 창문을 활짝 열어 보였습니다.

그렇게 창문 밖으로 무언가가 활연히 드러났습니다. 바로 청산(青山)이었습니다.

다만 불이(不二)라고 말할 뿐

63
十方智者 皆入此宗
시방지자 개입차종

시방의 지혜로운 이들은
모두이 종취로 들어옴이라.

이 구절에서 시방세계의 지혜가 있는 사람들은 단지 불교를 믿고 수행하는 사람들만 뜻하지 않습니다. 비록 종교는 다를지언정, 다른 종교 전통에서 깨달음을 얻은 사람들일 수도 있습니다. 혹 종교 전통을 거치지 않고서라도 스스로 마음 수행을 통해 깨달음의 세계로 들어간 경우도 포함될 것입니다.

지금의 세상은 인터넷이라는 인드라망으로 전 세계인들을 촘촘하게 연결합니다. 역대 성현들이 남긴 지혜의 가르침이 시공간의 제약 없이 인터넷 세상에 펼쳐져 있습니다. 그렇기에 종교 전통으로 들어오지 않고서도, 본인이 있는 각자의 자리에서 깨달음을 얻는 사람들도 헤아릴 수 없을 만큼 많은 것입니다.

이렇듯 배경과 양상이 다를 지언정, 모든 깨달음의 최종 귀결점이자 종취는 다름 아닌 불이(不二)입니다. 모든 차별과 대립을 떠나 원융하게 회통되는 진리가 바로 불이(不二)이며 중도(中道)이고 진공묘유(眞空妙有)인 것입니다. 역대 선사들은 이러한 진리로 들어가는 방편으로 허공이나 '눈앞[目前]'을 비유적으로 제시하기도 하였습니다. 또한 다른 종교 전통에서 도(道)나 태극(太極), 하나님 등의 용어를 써가며 진리를 다양한 방식으로 표현하기도 합니다. 철학 사상에서는 현존(現存)이나 순수 의식이라 부르기도 하며, 명상 수행 단체에서는 '지금 여기'라 지칭하기도 합니다.

비록 용어나 개념이 조금씩 다를지언정, 이 모두는 공통된 사항을 가지고 있습니다. 그것은 바로 나라는 개체성과 실체성의 소멸입니다. 그러면서 동시에 환히 열린 전체와의 합일(合一)입니다. 이렇듯 모든 대립과 차별을 초월하여 원융무애함에 도달하는데, 이것을 선문에서 불이(不二)라 표현하는 것입니다.

과거 현재 미래가 모두 한바탕 꿈

64
宗非促延 一念萬年
종비촉연 일념만년

종취란 짧거나 긴 것이 아니니
한 생각이 만년이요.

종취, 즉 근본의 진리는 짧거나 긴 것이 아닙니다. 짧거나 긴 것은 종취에서 드러나는 차별적인 현상이지 진리 자체는 아닙니다. 지금 이 순간 한 생각이 일어난다 하여도 그 근본이 되는 종취, 눈앞 자체는 시간의 관념으로 측량할 수 없는 것과 같습니다.

만일 10년 전의 우리 자신을 돌이켜본다면, 우리는 각자 자리에서 어떤 일을 하고 어떤 모습으로 살아가고 있는지 눈앞으로 드러날 것입니다. 그리고 10년 후의 미래를 그려본다고 하여도, 그 미래의 모습은 항상 지금 여기 눈앞으로 드러나게 됩니다. 과거나 미래에 대해 어떤 생각을 한다 하여도 그것은 내용물로서 눈앞에 드러나게 되어 있습니다. 결코 잡을 수도, 잴 수도, 보이지도, 보이지 않을 수도 없는 이 눈앞을 벗어날 수는 없습니다.

'한 생각이 만년'에서 한 생각은 우리가 일으키는 단 하나의 생각을 이야기하는 것이 아닙니다. 나라는 착각을 떠나서 눈앞이라는 근본 종취로 돌아가게 된다면, 기존의 시간관념은 더 이상 유효하지 않습니다. 나라는 실체에 갇힌다면 과거, 미래, 현재가 모두 실재합니다. 하지만 눈앞으로 완연히 돌아간다면 과거나 미래, 현재가 실재를 잃고 한바탕 꿈의 일로 뒤바뀌게 됩니다. 그렇기에 한 생각도 눈앞의 일이요, 만년도 모두 눈앞의 일입니다. 거대하고 투명한 용광로와 같은 눈앞에서 한 생각이며 만년도 모두 자취 없이 녹아나는 것입니다.

불법은 눈앞에 있다

65
無在不在 十方目前
무재부재 시방목전

있거나 있지 않음이 없어서
시방이 바로 눈앞이로다.

'있거나 있지 않음도 없다'는 것은 그와 반대로 '있거나 있지 않음도 있다'는 역설적인 표현입니다. 이는 있고 없음의 대립이나 분별이 완전히 사라진 상태를 뜻하기 때문입니다. 그렇기에 모든 유무와 시비, 애증이 눈앞에서 원융하게 펼쳐지고 드러납니다.

시방(十方)은 세상에 존재하는 모든 공간이며 대상이고 경계입니다. 하지만 아무리 큰 시방이라고 해도 눈앞을 벗어날 수는 없습니다. 공간이나 모양, 현상으로 존재하는 것은 결코 큰 것이 아닙니다. 진정으로 큰 것이 되려면 공간도 아니고 모양도 아니며 현상도 아니어야 합니다. 그러면서 그 모든 공간과 모양, 현상을 모두 품을 줄 알아야지 그것이야말로 진정으로 큰 것입니다. 그것이 바로 '눈앞'입니다.

여태껏 수많은 선 스승들은 목전(目前)에 대한 진리를 여러 차례 설했습니다. 다음은 만공(滿空) 선사와 어느 학인과의 대화입니다.

어떤 학인이 만공 선사에게 물었다.
"불법은 어디에 있습니까?"
"네 눈앞에 있느니라."
"눈앞에 있다면 왜 저는 보지 못합니까?"
"너에게는 너라는 상이 있기 때문이다."
"스님께서는 보셨습니까?"

"너만 있어도 안 보이는데 나까지 있다면 더욱 보지 못한다."
"나도 없고 스님도 없으면 볼 수 있겠습니까?"
"나도 없고 너도 없는데 보려고 하는 자 누구냐?"

사람들은 눈앞을 보려 합니다. 하지만 그것은 그릇된 시도입니다. 나라는 실체를 붙들고 결코 실체 없는 눈앞을 볼 수는 없기 때문입니다. 그것은 마치 한낮에 횃불로 허공을 밝혀내려는 어리석은 시도와도 같습니다. 눈앞은 보는 게 아닙니다. 만나는 것입니다. 나라는 실체를 벗어날 때 비로소 눈앞을 만납니다. 그러할 때는 내가 눈앞을 보는 게 아닙니다. 눈앞이 나를 봅니다. 이것이 존재가 실체성을 벗어나는 일이고, 허공같은 전체로 확장되는 일입니다. 그리고 이것이야말로 진리와 온전하게 계합되는 일입니다. 그럴 때야 비로소 우리는 알게 됩니다. 우리는 그 어떤 한순간도 눈앞을 떠나지 않았다는 사실을 말입니다.

경봉 스님도 이와 같이 눈앞으로 돌아오며 깨달음을 얻었습니다. 새벽녘 문지방을 통해 들어온 바람에 촛불이 일렁이는 모습을 보곤, 그렇게 홀연히 깨달음에 도달한 것입니다. 그 오도송은 다음과 같습니다.

아시방오물물두(我是訪吾物物頭)

목전즉견주인루(目前卽見主人樓)
가가봉착무의혹(呵呵逢着無疑惑)
우발화광법계류(優鉢花光法界流)

내가 나를 온갖 것에서 찾았는데
눈앞에 바로 주인공이 나타났네.
허허, 이제야 만나 의혹 없어지니
우담발화 빛이 온 누리에 흐르네.

의혹이 없어진다는 것은 나라는 개체로서의 실체성이 완전히 무너지는 것을 뜻합니다. 그러할 때, 나를 근원으로 한 모든 질문과 추구는 사라집니다. 우담발화가 온 누리에 흐른다는 것은 깨달음의 진실한 일들이 세상의 다양한 모습과 경계로 피어난다는 뜻입니다. 이렇듯 개체나 실체로서의 추구가 멈추어지면, 세상 그 모든 일들이 진여의 깨달음으로서 원융하게 흐르게 됩니다.

그렇기에 진리는 바깥에서 찾는 것이 아닙니다. 그 초점이 나로 향해 있어야 합니다. 모든 의혹의 흙덩이를 던져내는 나로 곧장 향해 있어야 하는 것입니다. 그렇게 나에 대한 의심과 집중을 거듭하여 눈앞의 주인공을 만나게 된다면, 모든 의문은 일시에 소거됩니다. 왜냐하면 나의 실체성이 소멸하기 때문입니다. 그러할 때 모든 진리가 온 누리로 흐르고 있음을 눈앞의 여실함으로 확인할 뿐입니다.

수미산을 겨자씨에 집어넣는다

66
極小同大 忘絶境界
극소동대 망절경계

지극히 작은 것이 큰 것과 같아서
상대적인 경계 모두 끊어지고

67
極大同小 不見邊表
극대동소 불견변표

지극히 큰 것은 작은 것과 같아서
그 끝과 겉을 볼 수 없음이라.

『유마경(維摩經)』에는 '겨자씨 속에 수미산을 집어넣는다'는 일화가 있습니다. 그 일화는 다음과 같습니다.

어느 날 유마 거사가 병이 났습니다. 부처님은 제자들 중에 병문안 갈 사람을 찾았습니다. 그러나 제자들은 다들 병문안을 주저주저합니다. 『유마경』이라는 경전의 내용과 특성상, 부처님의 수승한 제자들마저도 재가 거사인 유마 거사의 안목이나 내공을 따라가지 못했기 때문입니다. 그래서 만일 병문안을 가게 되어 유마 거사와 법담이라도 나눌라치면, 유마 거사보다 부족한 안목이 드러날 것이기에 병문안 가기를 꺼려하는 것입니다. 그러다 결국 문수보살과 사리불이 병문안을 같이 가게 됩니다. 그리고 예상대로 병문안 자리에서 깨달음에 관한 여러 문답이 오갑니다. 그러한 법담 중 유마 거사가 사리불에게 이런 말을 합니다.

"사리불이여, 모든 부처님과 보살들에게는 해탈이 있는데, 이름은 '불가사의(不可思議)'입니다. 만약 보살로 이 해탈에 머무는 사람은 수미산과 같이 높고 넓은 것을 겨자씨에 넣더라도 더하거나 감하는 바가 없고 수미산도 본래의 모양 그대로입니다. 오직 제도될 사람만 수미산이 겨자씨에 들어간 것을 꼭 볼 것입니다."

우리의 상식으로 겨자씨가 수미산에 들어가는 것은 어렵지 않게 이해됩니다. 하지만 반대로 수미산이 겨자씨 안으로 들어간다는 말은 이해하기 힘듭니다. 중국의 고위 관리이자 일만 권의 책을 읽어서 '만권(萬卷) 거사'로 유명했던 이발(李渤) 거사 역시 이 구절이 이해되지 않았습니다. 그래서 그는 귀종지상(歸宗智常) 선사를 찾아가 이렇게 물었다고 합니다.

"스님, 유마가 말하기를 '겨자씨 속에 수미산이 다 들어간다'는데, 어찌 그 작은 씨앗 속에 거대한 산이 들어갈 수 있습니까?"
이에 귀종지상 선사가 대답했다.
"자네는 평소에 책을 많이 읽어서 별명이 '만권'이지 않은가? 그런데 자네의 그 작은 머릿속에 어찌하여 그 많은 책의 내용이 다 들어가 있는가?"
이에 이발 거사는 고개를 끄덕였다.

『금강경』 제26분 「법신비상분(法身非相分)」에는 이런 유명한 사구게가 있습니다.

若以色見我 以音聲求我 是人行邪道 不能見如來
약 이 색 견 아 이 음 성 구 아 시 인 행 사 도 불 능 견 여 래

만약 모양으로써 나를 보려 하거나 소리로써 나를 구하려 하면
이 사람은 삿된 도를 행함이니 능히 여래를 보지 못 하리라.

모양이나 소리로써 진리를 보려 한다면 결코 여래를 만날 수 없습니다. 그러면 어떻게 해야 여래를 만날 수 있을까요? 그것은 바로 모양 없음으로 모양을 보고, 소리 없음으로 소리를 듣는 것입니다. 모양과 소리의 한계에 묶여 있다는 것은 사실상 나라는 육체의 한계에 묶여 있음을 뜻합니다. 몸에 갇혀 있기에, 눈으로 보는 형태와 귀로 듣는 소리가 전부인 줄 알고 사는 것입니다. 그러한 인식의 차원에서는 손톱보다도 작은 겨자씨 안에 거대한 수미산이 들어갈 수 없습니다.

그러나 모양이 모양이 아니고 소리가 소리가 아닌 줄 아는 도리를 만난다면, 더 이상 모양과 소리라는 한계에 구속되지 않습니다. 앞서 이발 거사는 책이라는 형체가 머리 안의 기억이라는 내용으로 들어갈 수 있음을 이치적으로는 이해했습니다. 하지만 나의 육체적 한계성을 뛰어넘어 눈앞으로 확장된다면, 더 이상 몸이 아닌 눈앞으로서 모양을 보고 소리를 듣습니다. 더 나아가 모양과 소리에 매이지 않고 보고 듣기에, '모양을 듣고 소리를 본다'는 말이 나올 수도 있습니다.

유마 거사가 말한 부처와 보살의 해탈이자 불가사의는 다름 아닌 눈앞입니다. 가히 생각으로 들어설 수 없는 것이 눈앞이고, 또한 생각하지 않는다 하여도 이미 들어선 것이 바로 눈앞이기 때문입니다. 생각이나 생각 없음, 혹 생각 아님도 눈앞을 어찌하지는 못합니다. 그것은 마치 횃불을 가지고 허공을 태우려는 것과 같습니다. 횃불이 허공을 어찌할 수는 없습니다. 왜냐하면 횃불을 비롯한 모든 것은 실상 눈앞에서 드러난 하나의 경계이며 상황이기 때문입니다. 경계는 눈앞을 어찌할 수 없습니다. 다만 눈앞에서 경계가 말끔하게 드러날 뿐입니다. 횃불은 허공에서 활활 타며, 허공은 그 모양과 소리를 여실하게 드러내 줍니다. 이것이 허공이며 눈앞의 공덕입니다.

겨자씨와 수미산의 크기에 매이지 않기 위해서는 단 한 가지 방법밖에 없습니다. 그것은 크기라는 관념을 초월하는 것입니다. 이것은 유위(有爲)로서 드러난 모든 경계를 뛰어넘는 것입니다. 무위(無爲)의 본원인 눈앞으로 온전하게 회귀하는 것이, 이 모양 없는 모양으로 돌아가는 일입니다.

그리고 이것은 동시에 모든 모양과 크기를 품으며 전체로서 모든 경계들을 드러내주는 공덕이 되는 것입니다. 그러기 위해서는 반드시 무아의 진리를 체득해야만 합니다. 나라는 고정된 실체로서의 한계를 넘어서야 비로소 눈앞이라는 거대한 진리의 터전으로 확장될 수 있기 때문입니다. 그러할 때 눈앞이야말로 모든 부처와 보살이 이룬 진실한 해탈의 자리가 되는 것입니다. 이러한 해탈의 자리에서 겨자씨는 한 치도 남을 바 없이 수미산을 있는 그대로 품게 됩니다.

'수' '미' '산'

있는 그대로 허용하고 드러내다

68
有卽是無 無卽是有
유즉시무 무즉시유

있음이 곧 없음이요
없음이 곧 있음이니

있음과 없음이 서로 반대되는 둘로 나뉘는 것은 생사법(生死法)의 일입니다. 우리가 이러한 생사법에 묶인다면, 있으면 집착하게 되어 있고 이와 반대로 없으면 괴롭습니다. 하지만 눈앞이라는 본래 무생사의 안목을 갖춘다면 다릅니다. 있음도 없음도 모두 여실함의 일로 드러나게 됩니다.

생사법으로만 본다면, 나는 무언가를 소유할 수 있고, 반대로 무엇을 소유하지 못할 수도 있습니다. 더욱 많은 것을 소유하며 잠시 행복해질 수 있고, 혹 무언가를 잃게 되어 괴로울 수도 있습니다. 소유는 이처럼 나를 중심으로 대상과 세계를 있고 없음으로 파악하는 방식이 됩니다.

하지만 눈앞의 생사 없는 안목을 갖춘다면 소유도 달라집니다. 눈앞은 이미 모든 것을 존재로서 소유하고 있기 때문입니다. 눈앞은 모든 대상 경계들을 있는 그대로 허용해주고 드러내줍니다. 나로 갇혀 있다면 나는 그렇게 존재의 일부만을 소유할 수 있습니다. 하지만 눈앞으로 확장된다면 이미 존재로서 그 모두를 소유하게 됩니다.

이렇게 눈앞으로 계합한다면, 있음과 없음은 반대의 일이 아닙니다. 있음도 상황이고 없음도 상황이 됩니다. 눈앞의 안목으로 우리는 그렇게 명백한 상황을 인지할 뿐입니다. 다만 이렇게 열린 안목으로서, 나라는 인연을 통하여 이러한 있음과 없음을 조화롭게 운용할 뿐입니다.

머무는 바 없이 흐르는 무아와 연기

69
若不如此 不必須守
약불여차 불필수수

만약 이와 같지 않다면
반드시 지켜서는 안 되느니라.

대소나 유무의 모든 차별이 끊긴다는 것은 생사며 분별 모두가 멈추는 것입니다. 하지만 잘 알아야 합니다. 끊기고 멈추는 것은 생사며 분별의 실체성입니다. 고정된 실체로서의 속성은 멈추지만, 인연에 따른 흐름은 결코 멈추는 일이 없습니다. 그래서 무아(無我)와 연기(緣起)인 것입니다. 이러한 도리가 어김없이 구현되기에 이 세상의 모든 존재나 상황은 머무는 바 없이 흐르는 것이고, 집착하는 바 없이 운용되는 것입니다. 다만 머물고 집착하는 바가 있다면, 그것은 나에 대한 착각일 뿐입니다.

이것은 또한 진공묘유(眞空妙有)의 도리이기도 합니다. 모든 존재나 상황에 근원이랄 게 없는 진공(眞空)의 도리를 만나야지, 비로소 나와 대상을 묘유(妙有)로 인연에 맞게끔 잘 부릴 수 있습니다. 이것은 또한 체(體)와 용(用)을 같이 보는 것이며, 평등법과 차별법을 동시에 대하는 것이며, 전체와 현상을 균등하게 다루는 것이기도 합니다. 대립하는 모든 분별심에서 자유로워지기 위해서는 체와 평등과 전체를 보아야 합니다. 그러한 와중에서도 분별로 드러난 모습들을 잘 부리기 위해서는 용과 차별과 현상을 면밀하게 다룰 줄 알아야 합니다. 이것이 중도(中道)로서 나를 비롯한 모든 대상과 세상을 대하는 지혜입니다.

안목이 있어야 진리를 본다

70
一即一切 一切即一
일즉일체 일체즉일

하나가 곧 일체요
일체가 곧 하나이니

'하나가 곧 일체요, 일체가 곧 하나'라는 이 구절을 체화한다면 지금 드러난 현상 세계는 그대로 법의 세계로 변모하게 됩니다. 어떤 현상 하나를 보면서도 일체의 진리를 보게 될 것이고, 또한 언제나 진리와 함께하면서도 현상으로 자연스럽게 물들어갈 수 있습니다. 그러나 이것이 생각으로 이루어지지는 않습니다. 나라는 실체와 집착에서 크게 벗어나야만 가능한 일입니다.

한 도반스님이 이런 말을 한 적이 있습니다. 과거에는 도인들이 많아서 공부하기가 좋았는데, 지금의 시대에는 선지식이 없어서 공부하기가 힘들다는 것입니다. 그만큼 지금의 세상에 도인들이 나오지 않아 안타깝다고 말했습니다. 이런 말을 하는 도반스님에게 되물었습니다.

"그럼 스님은 그 도인을 알아볼 안목은 있고요?"

선지식이 없다고 규정해놓고 정진하는 수행자들의 공부는 대개 진전이 없습니다. 도반스님의 공부가 답보하고 있던 것은 단지 선지식의 부재라는 이유 때문만은 아닙니다. 본인 스스로 닫아버린 안목 탓도 큽니다. 그만큼 본인 스스로의 안목을 갖추는 것은 무척이나 중요한 일입니다.

법당 안에 들어선 눈먼 사람이 이렇게 한탄합니다.

"아니, 내가 듣기로 법당에는 그렇게 색색이 아름답게 수놓은 단청이 있다고 했는데, 지금 내 눈에는 온통 깜깜한 세상 뿐이구먼! 역시 다 거짓말이었어! 세상에 그렇게 아름다운 단청이 있을 리야 없지!"

스스로 눈을 떠 곧장 보아야 합니다. 그러나 자기의 고정 관념에 갇혀버린 헛똑똑이들은 제대로 알아보지 못합니다. 설사 부처님과 조사스님들이 작금의 세상에 다시 출현한다 하더라도 알아보지 못할 것입니다. 본인이 생각하는 성현의 모습과 가르침에 갇혀 있기 때문입니다. 그렇기에 '내가 아는 부처와 조사는 저런 말과 행동을 하지 않아!'라며 이미 다가온 가르침의 인연을 스스로 거부할 것입니다.

이는 자신의 구미와 기준에 맞게끔 성현을 재단하려는 심보 때문입니다. 그러한 심보 때문에 도리어 공부에 진전이 없고, 사람과 세상을 한탄하기만 합니다. 수천 년 전이나 지금이나 마찬가지입니다. 가난한 마음으로는 가난한 것들만 보이기 마련입니다.

그러나 우리가 스스로 눈을 뜬다면, 하나가 일체인 도리에 곧장 들어서게 됩니다. 아무렇지도 않게 보였던 중생의 모습이나 말, 행동들이 실제로는 진리의 여실한 드러남이 됩니다. 선원의 종이 문을 두드리는 벌의 '탕탕' 소리도 진실한 법음이고, 승당에서 꾸벅꾸벅 졸고 있는 임제 스님도 저렇게 빈틈없이 법을 설하고 있는 것입니다. 이렇게 스스로 눈을 뜬다면 세상 일체가 진리로 다가오게 됩니다. 그런 깨달음으로 들어선 경허 스님은 다음과 같은 오도송을 남겨주기도 했습니다.

> 산빛은 문수의 눈이요,
> 물소리는 관음의 귀로다.
> '이랴 쯧쯧!' 소 부르고 말 부름이 곧 보현이요
> 장(張) 서방, 이(李) 첨지가 본래 비로자나(毘盧蔗那)로다.

중생들이 모여 사는 이 무명의 사바세계가 실은 문수와 관음, 보현과 비로자나가 함께 어우러지는 불국토임을, 경허 스님은 있는 그대로 내보인 것입니다. 그리고 이러한 불국토를 살아가는 나는 소중한 존재이면서 통로입니다. 내가 없이는 이러한 진리마저도 나타날 수 없기 때문입니다. 그 어떤 사소하고 고결한 진리라 할지라도, 나를 통해서만 발현될 수 있습니다. 그렇기에 내가 없다면 진리도 존재할 수 없습니다.

다만 진리가 자유로이 왕래하게끔 나를 비우는 것이 중요합니다. 만일 나를 비우지 못하고 실체에 갇혀 있다면, 나는 온갖 생사심에 부대끼는 감옥이 될 뿐입니다. 하지만 마음을 환히 밝히며 나라는 실체에서 벗어날 수 있다면, 세상은 나라는 통로를 통해서 낱낱의 진리가 생생하게 살아나는 신비의 터전이 됩니다.

단지 시절인연을 기다릴 뿐

71
但能如是 何慮不畢
단능여시 하려불필

다만 능히 이렇게만 된다면
마치지 못할까 뭘 걱정하랴.

'하나가 일체요, 일체가 곧 하나'라는 도리에 계합한다면 이제 깨달음에 거의 근접해 있습니다. 이는 단지 머리로 아는 수준이 아니라, 눈앞에서 곧장의 경계로 확인되기 때문입니다. 그렇게 근원이 흔들릴 바 없다면 깨달음의 기연은 반드시 찾아오게 되어 있습니다. 다만 시절인연이 도래하기를 묵묵히 기다릴 뿐입니다. 그러면 선지식이 오게 되어 깨달음의 세계로 곧장 들어갈 수도 있습니다.

혹 그 선지식이 사람의 모습으로 오지 않는다 하더라도 상관이 없습니다. 새벽의 닭이나 낡은 기와 한 조각처럼, 유정무정(有情無情)의 만물이 선지식이 되어 깨달음의 인연을 잘 실어다 주기 때문입니다. 그렇기에 깨달음이 오지 않을까 전혀 걱정할 필요가 없다며 승찬 스님은 안심하란 뜻으로 이와 같은 덕담을 남겨준 것입니다.

신심의 시작과 끝은 깨달음이다

72
信心不二 不二信心
신심불이 불이신심

믿는 마음은 둘 아니요
둘 아님이 믿는 마음이니

이 구절을 두고 '내가 분별심 없이 잘 믿어야 한다'는 뜻으로 해석하면 안 됩니다. 그것은 개체의 속성에 머문 상태에서의 해석이기 때문입니다. 이 구절에서 불이(不二)는 둘로 대립되는 분리와 차별이 완전히 사라진 깨달음을 뜻합니다. 그렇기에 깨달아야지, 그렇게 둘 아닌 불이법의 세계로 들어서야지, 그것이야말로 진정한 신심이 되는 것입니다.

중생의 신심은 조건과 상황에 따라 변화하는 신심입니다. 경우에 따라 믿는 마음이 커지기도 하고, 또 특정 상황에 처할 때는 약해지기도 합니다. 만일 자식의 대학 입시 불공을 열심히 드리다가 자식이 원하는 대학에 합격한다면 '모두가 부처님 덕분입니다'라고 말하며 부처님을 향한 신심을 더욱 깊게 새길 수도 있습니다. 하지만 만일 자식의 대학 입학 소식을 듣고 기분 좋게 절에서 나오다가 그만 교통사고로 다치기라도 한다면, '아니, 부처님 도대체 저에게 왜 이런 역경계를 주시는 겁니까?'라고 물을 수도 있습니다. 그렇다면 이것이 진정한 신심이랄 수 있을까요? 그렇게 상황이나 조건 따라, 결과에 따라 변하는 것이라면 그것이 진정한 신심일 수 있을까요? 그것은 신심이 아닙니다. 단지 내가 가지는 욕망입니다. 복은 바라고 화는 피하려는 나의 욕망을 그렇게 신심이라고 부르며 스스로 안위하는 것입니다.

그 믿음이 조건과 상황에 따라 변하는 것이라면 그것은 진정한 의미의 신심이 아닙니다. 언제, 어디서든, 어떻게든, 한결같은 것, 변하지 않은 것, 처음도 끝도 같은 그것, 이것이 진정한 신심입니다. 그것은 불이(不二)이고 한결같음이며, 동시에 깨달음입니다. 그렇기에 이 구절은 우리가 진정한 신심의 세계로 들어가기 위해서는 곧 깨달음의 세계로 들어가야만 한다는 사실을 역설하는 것이라 할 수 있습니다.

영원으로 회귀하다

73
言語道斷 非去來今
언어도단 비거래금

언어의 길이 끊어져서
과거 · 미래 · 현재가 아니로다.

이런 깨달음의 세계는 실상 어떤 언어로도 형용되는 것이 아닙니다. 오히려 그 반대입니다. 단지 눈앞에서 모든 언어와 생각, 관념들이 여실하게 드러날 뿐입니다. 나라는 실체를 중심으로 세상을 이해하려는 의도가 멈추어질 때, 그렇게 언어의 길은 끊어집니다. 생각도 실체로서의 흐름도 멈추게 됩니다. 그러할 때 우리는 눈앞과 온전하게 조우하게 됩니다.

그러할 때 과거·미래·현재도 눈앞에서 힘을 잃어버립니다. 시간이라는 것도 나라는 실체에 기대어 있을 때야 비로소 힘을 얻는 관념이기 때문입니다. 내가 있다면 과거·미래·현재가 분명하게 존재합니다. 하지만 내가 없다면 과거·미래·현재 모두가 눈앞에서 펼쳐지는 꿈속의 일입니다. 모두가 그러합니다. 언어도 생각도, 존재도 경험도, 대상도 상황도, 나도 시간도, 세상의 모든 존재며 경험들이 언제나 눈앞으로 이와 같이 여실하게 드러날 뿐입니다.

그렇기에 눈앞은 영원입니다. 그 모든 존재와 관념을 언제나 차별 없이, 그러면서도 한결같이 드러내주는 영원입니다. 그렇기에 눈앞으로 돌아간다면 우리는 영원을 사는 것입니다. 나라는 실체의 감옥을 벗어나 눈앞의 자유로서 영원을 사는 것입니다.

이것이 존재의 환골탈태입니다. 실체에서 실체 없음으로, 중생에서 부처로, 나에게서 눈앞으로, 순간에서 영원으로, 그렇게 바뀔 바 없이 모두가 바꾸어버리는 소식입니다. 이런 영원으로 회귀하는 길을 일러주기 위해, 승찬 스님은 당신이 체득한 깨달음의 정수를 이러한 146구 584자의 정갈한 시문으로 우리에게 남겨준 것입니다.

맺는말

지금까지 우리는 『신심명』이라는 고준한 시문을 통해 눈앞이라는 진리의 당처로 돌아가기 위한 가르침을 배웠습니다. 비록 구절마다 다른 단어이며 표현일지언정, 처음부터 끝까지 근본은 언제나 한결같습니다. 그 근본은 바로 나라는 고정된 실체를 벗어나는 무아(無我)의 깨달음이며, 동시에 만법의 진리가 현전하는 눈앞[目前]으로의 회귀입니다. 이 두 가지만 분명하면 됩니다. 그러면 불교의 수행과 깨달음은 끝입니다.

그러면 이렇게 『신심명』을 마지막으로 정리하는 시점에서 다시 한번 『신심명』의 첫 구절로 돌아보고자 합니다.

지도무난(至道無難) 유혐간택(唯嫌揀擇)
단막증애(但莫憎愛) 통연명백(洞然明白)

지극한 도는 어렵지 않음이요 오직 간택함을 꺼릴 뿐이니 미워하고 사랑하지만 않으면 통연히 명백하니라.

모든 깨달음의 최종 귀착지는 진여법계(眞如法界)와 무장애법계(無障碍法界)의 세계로 들어서는 것입니다. 이에 도달하는 길은 단순 명확합니다. 다만 나로부터 생겨난 미워하고 사랑하는 분별의 마음만 멈추면 됩니다. 그러면 나라는 중심과 실체는 사라지게 되고, 동시에 눈앞은 활연함과 명백함으로 펼쳐지게 됩니다. 처음에 소개된 이 구절이 모든 깨달음의 근본이자 골수를 모두 보여준 것입니다.

승찬 스님은 이렇듯 당신이 증험한 깨달음을 『신심명』이라는 고준한 시문으로 남겨주셨습니다. 선을 배우는 우리로서는 이런 고귀한 가르침을 두고 단지 문자적인 이해 수준에 머무르면 안 될 것입니다. 모름지기 진리의 가르침이란, 스스로 체화하여 삶의 낱낱 경계로서 명백하게 드러날 때, 그 의미가 있습니다.

　이해와 체화는 엄연히 다릅니다. 이해는 마치 수박의 겉모양이 어떻고, 당도나 수분 함량이 어떠한지를 연구하는 것과 같습니다. 하지만 체화는 수박을 한 번 잘라서 곧장 베어 무는 것입니다. 그리하여 수박의 시원한 단물을 직접 맛보는 것입니다.

수박은 연구하라고 있는 게 아닙니다. 수박은 잘라서 스스로 입으로 베어 물고, 그렇게 맛보라고 있는 것입니다. 경전이나 어록도 마찬가지입니다. 경전과 어록은 단지 이치적으로 배워서 지식으로 소유하라고 있는 것이 아닙니다. 경전과 어록이 가리키는 이치와 깨달음을 깊게 체화하여, 자신만의 분명하고 당당한 살림을 세상에 펼쳐내기 위해 있는 것입니다.

이런 깨달음의 정수를 아름다운 글로 일러주신 승찬 스님의 가르침에 우리가 보답하는 방법은 하나입니다. 그것은 스스로 깨어나 깨달음의 세계로 들어서는 것입니다. 이는 달리 말해 진여 자성의 본원이 투명하게 자리한 눈앞으로 온전하게 돌아오는 것입니다. 그리하여 자신의 살림살이로서 나와 함께 이 세상을 인연에 맞게끔 걸림 없이 운용하는 것입니다. 이것이야말로 승찬 스님께 은혜를 갚는 도리입니다.

    그리고 이 강설을 통해 여러분들이 이러한 뜻을 세운다면, 그리고 깨어남에 이르는 길의 힌트를 얻는다면, 저도 원제라는 인연을 이렇게 쓰며 그만의 소명을 이룬 것이라 할 수 있겠습니다.

끝까지 함께해 주셔서 감사합니다. 그럼 여러분들의 수행 정진이 일여(一如)하시고, 깨어남과 깨달음의 길이 무장무애하시기를 기원하겠습니다.

김천 수도암에서 수좌 원제 합장

부록

『신심명』 전문

1
至道無難 唯嫌揀擇
지 도 무 난 유 혐 간 택

지극한 도는 어렵지 않음이요
오직 간택함을 꺼릴 뿐이니

2
但莫憎愛 洞然明白
단 막 증 애 통 연 명 백

미워하고 사랑하지만 않으면
통연히 명백하니라.

3
毫釐有差 天地懸隔
호 리 유 차 천 지 현 격

털끝만큼이라도 차이가 있으면
하늘과 땅 사이로 벌어지나니

4
欲得現前 莫存順逆
욕 득 현 전 막 존 순 역

도가 앞에 나타나길 바라거든
따름과 거슬림을 두지 말라.

5
違順相爭 是爲心病
위 순 상 쟁 시 위 심 병

어긋남과 따름이 서로 다툼은
이는 마음의 병이 됨이니

6
不識玄旨 徒勞念靜
불 식 현 지 도 로 염 정

현묘한 뜻은 알지 못하고
공연히 생각만 고요히 하려 하도다.

7
圓同太虛 無欠無餘
원동태허 무흠무여

둥글기가 큰 허공과 같아서
모자람도 없고 남음도 없거늘

8
良由取捨 所以不如
양유취사 소이불여

취하고 버림으로 말미암아
그 까닭에 여여하지 못하도다.

9
莫逐有緣 勿住空忍
막축유연 물주공인

세간의 인연도 따라가지 말고
출세간의 법에도 머물지 말라.

10
一種平懷 泯然自盡
일종평회 민연자진

한 가지를 바로 지니면
사라져 저절로 다하리라.

11
止動歸止 止更彌動
지동귀지 지갱미동

움직임을 그쳐 그침에 돌아가면
그침이 다시 큰 움직임이 되나니

12
唯滯兩邊 寧知一種
유체양변 영지일종

오직 양변에 머물러 있거니
어찌 한 가지임을 알 건가.

13
一種不通 兩處失功
일종불통 양처실공

한 가지에 통하지 못하면
양쪽 다 공덕을 잃으리니

14
遣有沒有 從空背空
견유몰유 종공배공

있음을 버리면 있음에 빠지고
공함을 따르면 공함을 등지느니라.

15
多言多慮 轉不相應
다언다려 전불상응

말이 많고 생각이 많으면
더욱더 상응치 못함이요

16
絶言絶慮 無處不通
절언절려 무처불통

말이 끊어지고 생각이 끊어지면
통하지 않은 곳 없느니라.

17
歸根得旨 隨照失宗
귀근득지 수조실종

근본으로 돌아가면 뜻을 얻고
비춤을 따르면 종취를 잃나니

18
須臾返照 勝却前空
수유반조 승각전공

잠깐 사이에 돌이켜 비춰 보면
앞의 공함보다 뛰어남이라.

19
前空轉變 皆由妄見
전공전변 개유망견

앞의 공함이 전변함은
모두 망견 때문이니

20
不用求眞 唯須息見
불용구진 유수식견

참됨을 구하려 하지 말고
오직 망령된 견해만 쉴지니라.

21
二見不住 慎莫追尋
이견부주 신막추심

두 견해에 머물지 말고
삼가 좇아가 찾지 말라.

22
纔有是非 紛然失心
재유시비 분연실심

잠깐이라도 시비를 일으키면
어지러이 본마음을 잃으리라.

23
二由一有 一亦莫守
이유일유 일역막수

둘은 하나로 말미암아 있음이니
하나마저도 지키지 말라.

24
一心不生 萬法無咎
일심불생 만법무구

한 마음이 나지 않으면
만법이 허물없느니라.

25
無咎無法 不生不心
무구무법 불생불심
허물이 없으면 법도 없고
나지 않으면 마음이랄 것도 없음이라.

26
能隨境滅 境逐能沈
능수경멸 경축능침
주관은 객관을 따라 소멸하고
객관은 주관을 따라 잠겨서

27
境由能境 能由境能
경유능경 능유경능
객관은 주관으로 말미암아 객관이요
주관은 객관으로 말미암아 주관이니

28
欲知兩段 元是一空
욕지양단 원시일공
양단을 알고자 할진댄
원래 하나의 공이니라.

29
一空同兩 齊含萬象
일공동양 제함만상
하나의 공은 양단과 같아서
삼라만상을 함께 다 포함하여

30
不見精麤 寧有偏黨
불견정추 영유편당
세밀하고 거칠음을 보지 못하거니
어찌 치우침이 있겠는가.

31
大道體寬 無易無難
대도체관 무이무난
대도는 본체가 넓어서
쉬움도 없고 어려움도 없거늘

32
小見狐疑 轉急轉遲
소견호의 전급전지
좁은 견해로 여우 같은 의심을 내어
서두를수록 더욱 더디어지도다.

33
執之失度 必入邪路
집지실도 필입사로
집착하면 법도를 잃음이라
반드시 삿된 길로 들어가고

34
放之自然 體無去住
방지자연 체무거주
놓아버리면 자연히 본래로 되어
본체는 가거나 머무름이 없도다.

35
任性合道 逍遙絶惱
임성합도 소요절뇌
자성에 맡기면 도에 합하여
소요하여 번뇌가 끊기고

36
繫念乖眞 昏沈不好
계념괴진 혼침불호
생각에 얽매이면 참됨에 어긋나서
혼침함이 좋지 않느니라.

37
不好勞神 何用疎親
불호노신 하용소친
좋지 않으면 신기를 괴롭히거늘
어찌 성기고 친함을 쓸 건가.

38
欲趣一乘 勿惡六塵
욕취일승 물오육진
일승으로 나아가고자 하거든
육진을 미워하지 말라.

39
六塵不惡 還同正覺
육진불오 환동정각
육진을 미워하지 않으면
도리어 정각과 동일함이라.

40
智者無爲 愚人自縛
지자무위 우인자박
지혜로운 이는 함이 없거늘
어리석은 사람은 스스로 얽매이도다.

41
法無異法 妄自愛着
법무이법 망자애착
법은 다른 법이 없거늘
망령되이 스스로 애착하여

42
將心用心 豈非大錯
장심용심 기비대착
마음을 가지고 마음을 쓰니
어찌 크게 그릇됨이 아니랴.

43
迷生寂亂 悟無好惡
미 생 적 란 오 무 호 오

미혹하면 고요함과 어지러움이 생기고
깨치면 좋음과 미움이 없거니

44
一切二邊 良由斟酌
일 체 이 변 양 유 짐 작

모든 상대적인 두 견해는
자못 짐작하기 때문이로다.

45
夢幻空華 何勞把捉
몽 환 공 화 하 로 파 착

꿈속의 허깨비와 헛꽃을
어찌 애써 잡으려 하는가.

46
得失是非 一時放却
득 실 시 비 일 시 방 각

얻고 잃음과 옳고 그름을
일시에 놓아버려라.

47
眼若不睡 諸夢自除
안 약 불 수 제 몽 자 제

눈에 만약 졸음이 없으면
모든 꿈 저절로 없어지고

48
心若不異 萬法一如
심 약 불 이 만 법 일 여

마음이 다르지 않으면
만법이 한결같느니라.

49
一如體玄 兀爾忘緣
일 여 체 현 올 이 망 연

한결같음은 본체가 현묘하여
올연히 인연을 잊어서

50
萬法齊觀 歸復自然
만 법 제 관 귀 복 자 연

만법이 다 현전함에
돌아감이 자연스럽도다.

51
泯其所以 不可方比
민 기 소 이 불 가 방 비

그 까닭을 없이 하여
견주어 비할 바가 없음이라.

52
止動無動 動止無止
지동무동 동지무지

그치면서 움직이니 움직임이 없고
움직이면서 그치니 그침이 없나니

53
兩旣不成 一何有爾
양기불성 일하유이

둘이 이미 이루어지지 못하거니
하나인들 어찌 있을 건가.

54
究竟窮極 不存軌則
구경궁극 부존궤칙

구경하고 궁극하여서
일정한 법칙이 있지 않음이요.

55
契心平等 所作俱息
계심평등 소작구식

마음에 계합하여 평등케 되어
짓고 짓는 바가 함께 쉬도다.

56
狐疑淨盡 正信調直
호의정진 정신조직

여우 같은 의심이 다하여 맑아지면
바른 믿음이 고루 발라지며

57
一切不留 無可記憶
일체불류 무가기억

일체가 머물지 않아
기억할 아무것도 없도다.

58
虛明自照 不勞心力
허명자조 불로심력

허허로이 밝아 스스로 비추나니
애써 마음 쓸 일 아니로다.

59
非思量處 識情難測
비사량처 식정난측

생각으로 헤아릴 곳 아님이라
의식과 망정으론 측량키 어렵도다.

60
眞如法界 無他無自
진여법계 무타무자

바로 깨친 진여의 법계에는
남도 없고 나도 없음이라.

61
要急相應 唯言不二
요급상응 유언불이
재빨리 상응코자 하거든
둘 아님을 말할 뿐이로다.

62
不二皆同 無不包容
불이개동 무불포용
둘 아님은 모두가 같아서
포용하지 않음이 없나니

63
十方智者 皆入此宗
시방지자 개입차종
시방의 지혜로운 이들은
모두 이 종취로 들어옴이라.

64
宗非促延 一念萬年
종비촉연 일념만년
종취란 짧거나 긴 것이 아니니
한 생각이 만년이요.

65
無在不在 十方目前
무재부재 시방목전
있거나 있지 않음이 없어서
시방이 바로 눈앞이로다.

66
極小同大 忘絶境界
극소동대 망절경계
지극히 작은 것이 큰 것과 같아서
상대적인 경계 모두 끊어지고

67
極大同小 不見邊表
극대동소 불견변표
지극히 큰 것은 작은 것과 같아서
그 끝과 겉을 볼 수 없음이라.

68
有卽是無 無卽是有
유즉시무 무즉시유
있음이 곧 없음이요
없음이 곧 있음이니

69
若不如此 不必須守
약불여차 불필수수
만약 이와 같지 않다면
반드시 지켜서는 안 되느니라.

70
一卽一切 一切卽一
일즉일체 일체즉일

하나가 곧 일체요
일체가 곧 하나이니

71
但能如是 何慮不畢
단능여시 하려불필

다만 능히 이렇게만 된다면
마치지 못할까 뭘 걱정하랴.

72
信心不二 不二信心
신심불이 불이신심

믿는 마음은 둘 아니요
둘 아님이 믿는 마음이니

73
言語道斷 非去來今
언어도단 비거래금

언어의 길이 끊어져서
과거·미래·현재가 아니로다.

홀연히 깨어나는 신심명

수좌 원제 스님의
단박에 깨치는 선어록 강설

ⓒ 원제, 2025

2025년 8월 6일 초판 1쇄 발행
2025년 9월 10일 초판 2쇄 발행

지은이 원제
발행인 박상근(至弘) • 편집인 류지호 • 편집이사 양동민
책임편집 최호승 • 편집 김재호, 양민호, 김소영, 정유리, 이란희, 이진우 • 디자인 쿠담디자인
제작 김명환 • 마케팅 김대현, 김대우, 이선호, 류지수 • 관리 윤정안
콘텐츠국 유권준, 김희준
펴낸 곳 불광출판사 (03169) 서울시 종로구 사직로10길 17 인왕빌딩 301호
　　　　대표전화 02) 420-3200 편집부 02) 420-3300 팩시밀리 02) 420-3400
　　　　출판등록 제300-2009-130호(1979. 10. 10.)

ISBN 979-11-7261-188-0 (03220)

값 20,000원

잘못된 책은 구입하신 서점에서 바꾸어 드립니다.
독자의 의견을 기다립니다. www.bulkwang.co.kr
불광출판사는 (주)불광미디어의 단행본 브랜드입니다.